F. JEAN-DESTHIEUX

L'ÉVOLUTION RÉGIONALISTE

Du Félibrige au Fédéralisme

Préface de M. Charles LE GOFFIC

(QUATRE CARTES)

ÉDITIONS BOSSARD
43, RUE MADAME, 43
PARIS
1918

L'ÉVOLUTION REGIONALISTE

F. JEAN-DESTHIEUX

L'ÉVOLUTION RÉGIONALISTE

— Du Félibrige au Fédéralisme —

Préface de M. Charles LE GOFFIC

(QUATRE CARTES)

ÉDITIONS BOSSARD

43, RUE MADAME, 43

PARIS

1918

PRÉFACE

———

Une grande activité s'atteste en ce moment
même dans les milieux régionalistes. On s'y
occupe fort du projet de loi de M. Jean Hennessy qui doit venir en discussion avant la fin
de la législature et qui n'est point parfait
assurément, mais que son auteur ne demande
qu'à perfectionner. Louable modestie! A son
appel les docteurs de l'École se sont réunis et, de
ce conclave hebdomadaire dont les débats sont
conduits par le doctissime Charles-Brun, sor-
tira peut-être un plan de reconstitution écono-

mique et politique qui ralliera tous les esprits.

Il y a quelque chose de plus pressé sans doute que de chercher un substitut à l'ancienne formule jacobine de la République une et indivisible et, avant de songer à la refonte de nos institutions, il faut commencer par assurer l'existence même du pays. C'est l'affaire de M. Clemenceau, qui s'y emploie assez vigoureusement, je crois. Le plus grand service que puissent nous rendre les parlementaires est de le laisser continuer. Ils pourront reprendre ensuite leurs turlutaines. La prorogation sine die de la session leur ouvre une marge illimitée. A eux de ne pas la remplir uniquement d'un vain tumulte de paroles. L'opinion n'est pas exigeante. Et si seulement M. Clémentel, M. Louis Marin, M. le marquis de l'Estourbeillon, M. Jean Hennessy et quelques seigneurs de moindre importance pouvaient faire aboutir les plans de réforme, amendés par les fortes têtes de la Fédération régionaliste, qu'ils ont déposés sur le bureau des Chambres, j'ose leur garantir qu'ils n'auraient pas perdu leur temps ni le nôtre et qu'ils occuperaient une belle place dans l'histoire de la troisième République.

Qu'est-ce que le Régionalisme? D'où sort-il? A quoi tend-il? On le savait à peu près. On le saura mieux et même très complètement grâce à Jean-Desthieux. Entendons-nous bien. Jean-Desthieux, dans son enquête, n'est pas remonté au déluge et je me permets de l'en féliciter. Il n'a même pas — ou si peu — évoqué la tentative avortée des Girondins. Il débute par cette pensée de Charles-Brun : « Les poètes ont des intuitions qui jettent dans l'étonnement les sociologues les mieux avertis et les plus experts. » Pensée qui ravirait M. Bergson! Mais il est bien vrai que l'idée régionaliste est sortie tout armée, comme Minerve, du cerveau de Frédéric Mistral.

Grâces lui en soient éternellement rendues ! On ne dira jamais tous les bienfaits de l'entreprise mistralienne. Un critique érudit et charmant et dont la langue preste, nuancée, est dans la meilleure tradition française, M. José Vincent, s'y est essayé ces jours-ci.

Son Frédéric Mistral *est assurément le livre le plus renseigné — tout en étant le plus diligent — qu'on ait écrit sur le patriarche de Maillane. Il est dédié, par une attention qui est aussi une intention profonde, aux Saintes-Maries de Provence et à la mémoire de cinq soldats provençaux, amis ou parents de l'auteur, morts au service de la France. Mistral eût goûté le symbolisme secret de cette dédicace, qui manifeste le caractère profondément français d'une œuvre en apparence exclusivement provençale. Quand tant d'autres autour de lui s'ingéniaient à vider l'idée de patrie de sa substance, Mistral la nourrissait et la fortifiait des plus solides réalités. M. José Vincent dit fort bien qu'en voyant toutes choses sous l'angle provençal, Mistral les voyait, par contre-coup, sous l'angle national. C'est la vérité même. Il n'avait de répugnance pour aucune forme de gouvernement ; il ne détestait que la politique de secte, la politique « inflammatoire », comme il l'appelait. Et les institutions républicaines lui étaient si peu antipathiques qu'il les salua d'abord comme* le « couvain des fédérations futures ».

Il déchanta sans doute par la suite. Mais fut-ce sa faute, si la République ne fut pas ce « couvain », si elle en fut même tout le contraire? Peut-elle le devenir, comme le croient tant d'excellents républicains, régionalistes-nés ou jacobins repentis? Ou en est-elle incapable par essence et par définition, comme le croit Charles Maurras? C'est l'avenir qui décidera. Pour le moment en tout cas et comme on dit vulgairement, il n'y a rien de fait. Qui ne voit pourtant combien certains conflits imprudemment généralisés eussent été réglés aisément avec une plus large autonomie des régions où ils se produisaient? Si l'on y prêtait un peu plus d'attention, on s'apercevrait qu'il n'y a pas une question sociale : il y a des questions économiques particulières à telle ou telle région. Pourquoi vouloir qu'une contrée agricole soit soumise au même régime qu'un district minier et réciproquement? Quelle folie de ne pas tenir compte de la latitude, des différences de milieu, de productions, de mœurs même, etc. ! L'unification, qui *s'inspire d'une idée d'égalité, est en réalité la plus monstrueuse des inégalités. Là où la question sociale est insoluble, décentralisez, et les questions économiques particulières à chaque région se résoudront avec une extrême facilité.*

Il y a bien d'autres avantages à la solution régionaliste que vous trouverez exposés dans l'excellente étude de Jean-Desthieux. Sous une forme vive et précise, elle ramasse les meilleurs arguments en faveur de cette solution ; elle montre comme le système fédératif, posant à la base de tout la liberté, « assurant à chaque individu, à chaque commune, à chaque province, la plus grande somme de vie, d'activité, d'indépendance, » réalise en même temps « la liberté individuelle, corporative, locale, communale, régionale et nationale ». Or est-ce là un système chimérique? Ou s'il n'y faut pas plutôt reconnaître, avec Barrès, Briand et Clemenceau lui-même, l'effort séculaire de la race française réalisé grâce à l'expérience américaine?

M. F. Jean-Desthieux connaît l'objection.

Invoquer l'exemple de la Suisse, de l'Amérique ! disait déjà Brunetière. On n'oublie qu'une chose, c'est que la Suisse est un pays neutre ; c'est que les États-Unis n'ont pas de voisin. Notre condition à nous n'est pas la même ; et, quand on considère de combien de jalousies ou d'ambitions la France est environnée, quand on réfléchit par combien de frontières, en combien de points nous sommes vulnérables, alors on est frappé de voir comme la France est petite et comme la concentration lui est nécessaire pour suppléer à ce qui lui manque en hommes et en territoire.

Il a été déjà répondu à cet argument singulier et qui fait des pays concentrés les seuls qui puissent disposer de la force et de la victoire. L'Allemagne fédéralisée de 1870 maîtrisant la France centralisée du deuxième Empire suffit à montrer le peu de solidité de la thèse. Mais les « centralistes » ne se tiennent pas pour battus. L'autonomie régionale et communale, ce serait, selon eux, l'écrasement définitif des minorités qui, dans un pays aussi divisé que le nôtre, ne sont déjà que trop opprimées et qui sentiraient peser sur elles, plus lourd et plus violent que jamais, le poids des tyrannies locales. Étrange raisonnement, en vérité. Comme si, au fur et à mesure qu'augmente la centralisation, le droit des minorités n'était pas menacé, diminué, réduit à néant. Le droit des minorités? Mais, il n'y a qu'à voir la composition de nos Parlements pour s'apercevoir à quel point on le respecte aujourd'hui. Plus vous vous approcherez du pays, au contraire, descendant de l'État à la région, de la région à la commune, plus il semble que vous aurez de chances de faire cesser cette injustice souveraine et de faire reconnaître le droit des minorités.

Louis Blanc, dès 1850, écrivait : « Qu'est-ce que Paris? Qu'est-ce que la France? Imaginez un champ : au lieu de l'ensemencer dans toute son étendue, on s'est avisé d'entasser la semence en un point où elle risque de ne pas germer, précisément parce qu'elle y est entassée. Ce champ, c'est la France ; ce point, c'est Paris. »

Avec plus de force encore Lamennais disait :

« *La centralisation, c'est l'apoplexie au centre,
la paralysie aux extrémités.* »

*Voilà le mal dont nous souffrons et qu'il
faut guérir. L'unanimité presque entière des
penseurs, des meilleurs esprits de tous les
partis, montre assez qu'il ne s'agit point d'un
problème d'école, mais d'une question vitale.
Le vieux monde craque. Demain ne ressem-
blera pas à aujourd'hui. Cependant, dès
maintenant, un fait s'impose à tous les obser-
vateurs : c'est la tendance centrifuge des
divers groupes ethniques de l'ancien continent.
Une aspiration universelle à l'autonomie en-
traîne tous les peuples, tchèques, yougo-slaves,
finlandais, lithuaniens, ukrainiens, irlandais,
catalans, etc. Comment concilier ce courant
particulariste avec le courant internationaliste
qui, dans le même temps et avec une violence
aussi grande, les emporte vers la suppression des frontières ? Lequel des deux courants
sera le plus fort ? Ou bien, après s'être heurtés,
se réuniront-ils, se fondront-ils ? C'est pro-
bable. Nous allons peut-être vers des patries
de plus en plus diminuées, comme au Moyen*

âge. Une poussière de nations, de petites communautés ethniques ou linguistiques, à qui leur faiblesse même imposera la nécessité du lien fédéral, c'est de quoi sera faite peut-être l'Europe de demain. Le danger, c'est que, dans ce naufrage universel et avant que toutes ces épaves aient pu se grouper selon leurs affinités naturelles, une Prusse intacte, une Allemagne elle-même fortement fédérée, n'exercent sur les plus rapprochées une attraction qui équivaudrait brièvement à leur absorption dans l'empire allemand. Le bloc des nations latines et anglo-saxonnes suffirait-il à faire contre-poids à ce monstrueux tugend-bund? On peut encore l'espérer. Mais ce bloc lui-même ne sera solide, ne développera toute sa puissance qu'autant qu'il aura satisfait d'abord aux aspirations qu'il contient en lui et qui tendraient autrement à le désagréger. Il n'est d'amphictyonie viable qu'à ce prix. L'exemple des colonies anglaises, investies d'une si large et si souple autonomie et répondant avec un si magnifique empressement à l'appel de la mère-patrie, le prouve surabondamment.

Quel fruit au contraire a recueilli l'Angle-
terre de sa politique égoïste envers l'Irlande ?
Et, chez nous-mêmes, en 1902, l'interdic-
tion de la langue bretonne ne faillit-elle
pas déclencher une nouvelle chouannerie ?
Les antagonismes intérieurs qu'engendre
inévitablement la centralisation disparaîtront
avec elle. Plus les diverses cellules du corps
national auront d'indépendance et mieux
elles travailleront au bien-être général. Se-
lon la formule que Michelet appliquait à
la république, les patries de demain, si elles
veulent vivre, devront être de grandes
amitiés.

Paris le 1er mars 1918.

Charles Le Goffic.

A CHARLES-BRUN

PREMIÈRE PARTIE

L'IDÉE FÉLIBRÉENNE

UNE CONCEPTION SOCIALE

LES poètes ont des intuitions qui jettent dans l'étonnement les sociologues les mieux avertis et les plus experts. » Ce simple aphorisme, je le détache de la conclusion d'une toute petite brochure de M. Charles-Brun, intitulée L'*Evolution Félibreenne*, parue à Lyon en 1896, aujourd'hui épuisée. Celui qui, depuis, s'est placé au premier rang des pionniers du Régionalisme se doutait-il, lorsqu'il écrivait cette brochure, que vingt ans après nous la retrouverions si chargée de sens nouveaux, de leçons, d'éclaircissements sur l'avenir ? — Il disait : « Quand un mot reste quarante ans en usage dans une langue, c'est qu'il répond à quelque chose de réellement existant ». Vingt ans de plus n'ont pas vieilli le nom du Félibrige. L'origine s'en oublie. Mais l'auréole de Mistral brille encore avec trop d'éclat pour que le souvenir du mot ne persiste pas. Et pourtant, depuis la mort du maître, que d'événements, grandis pour nous par la douleur constante des deuils !

C'est dans ce petit ouvrage que M. Charles Brun tentait pour la première fois de définir le Félibre et d'en préciser le rôle. « Un félibre, écrivait-il, est un Français de langue d'oc, qui veut maintenir et développer l'existence propre de sa *région*, et qui croit cette existence indissolublement unie à celle de son dialecte d'oc. » De grands problèmes sont ici posés en peu de mots, dont il ne m'appartient pas de faire entrevoir la solution. Mais il faudrait retenir cette définition, même si elle ne correspondait pas exactement à son objet : elle dégage, en effet, une idée fondamentale dont, à travers toute l'évolution du Félibrige, depuis vingt ans, on a partout constaté les progrès : une idée dont nous avons fait depuis la base de tout un système et de toute une doctrine d'aménagement national, dont il sera intéressant d'étudier pas à pas la course et le succès.

Mistral ne fut pas le premier décentralisateur.

Mais il fut le père de la décentralisation : car il en
fut l'exemple. Et le Félibrige fut certainement le
premier acte de décentralisation. Or, voilà un mot
dont la fortune, aujourd'hui, ne fait point de doute:
seuls, quelques jacobins résolus affectent encore de
ne l'entendre pas. Car, selon l'exacte observation
de M. Charles Maurras, si l'on ne se rend pas toujours à notre motif central, on en emprunte du
moins les motifs secondaires. Et c'est bien cela qui
est curieux.

« Ne voit-on pas, écrivait encore M. Charles
Brun, que l'idée de localisation du sentiment pa-
triotique, au grand bénéfice du patriotisme général, que l'idée du respect dû à chaque portion du
grand tout national, que l'idée de la race secondaire,
sans quoi le nationalisme ne serait qu'une forme de
la centralisation, restent le fond de tous ces mouvements d'une si grande importance qui rallient les
éléments les plus divers des anciens partis politiques ? »

En 1896, on ne le voyait pas encore : on l'entre-
voyait. Pendant vingt ans les yeux se sont tenus
obstinément fermés devant cette réalité. Mais il
semble qu'aujourd'hui, en 1918, à la faveur de circonstances que je n'ai pas besoin de préciser, enfin
l'on se rende à l'évidence. Il est bien fâcheux qu'il

ait fallu attendre si longtemps et qu'on y arrive avec quelques vingt ans de retard ! Mais enfin on y vient ; et c'est l'essentiel.

On y vient parce que des hommes, des apôtres comme l'auteur que nous ne nous lasserons pas de citer, ont entrepris la campagne de salut. Et ceux-là ont tous été nourris par le Félibrige. — Je crois bien que si l'on avait dit au premier *mainteneur* : « Tu chantes ta langue natale parce que, attaché à ta race et à ta région, tu tends à développer en toi et autour de toi les qualités propres à ton sol et à ta race, parce que tu tends à protéger leur indépendance et leur originalité, parce que tu tends à établir leur autonomie », il n'aurait rien compris à ce discours. Et pourtant telles sont les conclusions qu'imposent les œuvres des poètes de ce sol, de cette race et de cette langue. Et pourtant si nous nous arrêtons au sens du particularisme de la race, disait Charles-Brun, nous ne pouvons négliger d'en faire le caractère dominateur du Félibre... « *Devenir*, en dehors de toute idée politique, *une féconde et pratique conception sociale*, assurer l'originalité du coin de terre, l'exaltation des qualités de la race, et, par contre-coup, le libre jeu des institutions, — tel est le but où l'évolution amène le Félibrige ».

Et plus loin Charles-Brun insistait encore :

« Appelez du nom que vous voudrez, décentralisateur, provincialiste, le mouvement de demain, les
félibres n'y sauraient avoir une place à part qu'en
se maintenant sur le terrain idiomatique. De la
trilogie : histoire, mœurs, langue, où s'appuie
l'agitation régionaliste, ils retiennent le troisième
facteur comme principal, sans nullement faire fi des
autres, mais comme étant le point par où ils cou-
rent chance de rendre plus saisissantes et plus personnelles leurs revendications. »

Il est superflu d'ajouter que les poètes du Félibrige n'ont jamais fait en eux-mêmes un tel calcul.
Mais telle est cependant la conséquence de leur
œuvre. Et tel en est l'aspect social.

Ainsi présentées dès l'année 1896, les influences
de cette œuvre ne pouvaient point ne pas être
fortes, prospères, puisqu'elles prenaient racine dans
les profondeurs absolues de la terre de France pour
s'élancer en promesses et en réalisations vers des hau-
teurs idéales qui d'ailleurs n'ont pas encore été
évaluées.

LE PREMIER ACTE DE DÉCENTRALISATION

L'UN des ouvrages à travers lesquels on mesure le mieux, dans toute son étendue, l'importance du Félibrige est, à mon sens, celui de M. Armand Praviel : *L'Empire du Soleil*, paru à Toulouse, en 1909 : c'est l'empire du Félibrige, sur lequel Mistral régnait. Il s'étend au delà de la Provence aux Pyrénées, à la Gascogne, au Périgord, au Limousin, au Languedoc, au Rouergue et à l'Auvergne. Ce ne sont que scènes et portraits, réunis ici par le seul souci d'une contribution opportune : un voyage à travers l'empire, des noms de poètes, des reflets de soleil et, pour finir, un coup d'œil d'ensemble : le rêve des premiers félibres est-il réalisé, ou se réalise-t il?

Il y a plus de douze ans aujourd'hui que la Provence, en un de ces mois de mai comme le ciel méditerranéen en favorise seul, fêtait le cinquantenaire du Félibrige. C'est en 1854, en effet, que sept poètes, dont quelques-uns ne connaîtront jamais l'oubli : Aubanel, Roumanille, Mistral et Jean Brunet, et Paul Giera, et Anselme Mathieu, et Alphonse Tavan, réunis dans le castelet de Font-Ségugne, décidèrent, un soir de printemps, la résurrection de leur langue, de leur pays et de la race latine.

Ce que furent les débuts du Félibrige, ce que fut son œuvre exacte, ce que restent ses influences, il n'entre pas dans mon ambition de le rappeler. Mais la guerre nous menace encore de ses réalités effroyables. De toute part, on cherche aux maux dont nous souffrons des remèdes. On parle des conséquences de la tourmente : on redoute plus que jamais l'exode des campagnes vers les villes, des jeunes intelligences vers les capitales : on redoute la mort lente, la consomption des provinces dont tous les fils les plus beaux, les plus robustes, se battent, se dévouent : on redoute la vanité d'un immense effort. Et s'il y a quelques égoïstes ou quelques indifférents, quelques inconscients ou quelques criminels que ces menaces de l'avenir ne parviennent pas à effrayer ni à rappeler aux réalités, on est tenté de se laisser rassurer par les efforts vraiment grands accomplis de tous côtés en vue de l'après guerre. Ce ne sont que recherches sévères, épreuves et leçons dont il n'est pas douteux que nous devrons demain nous montrer reconnaissants.

Or, le nom de Mistral est évoqué par certains écrivains comme un symbole d'espoir et d'énergie. Aurait-il la vertu d'un drapeau? — Il a celle d'une doctrine dont il n'est pas nécessaire de représenter la tragique actualité : le défenseur de la race latine a donné à ses disciples et à ses compatriotes de hautes raisons de se sacrifier pour leur terre et leurs libertés. Il a prêché d'exemple. Et je ne suis point étonné d'apprendre qu'à plusieurs occasions des soldats méridionaux se sont élancés à l'assaut des tranchées adverses avec, aux lèvres, ce bouquet de myrtes, de romarins et de lavandes épanouies et cet hymne de foi splendide : la *Coupo Santo*.

Car la plus belle œuvre de Mistral, c'est l'exemple qu'il nous laisse : il a donné à ses compatriotes des raisons fortes de vivre pour leur terre et pour leur race ; il leur a rendu le sens d'eux-mêmes, qu'ils avaient perdu, en évoquant leur histoire, et en magnifiant les plus héroïques d'entre eux, en donnant des légendes à ce peuple épris d'idéal, en lui don-

nant le culte du soleil et l'amour de la beauté, avec
l'amour et le culte de la langue d'oc. C'est en Provence, en effet, je crois bien, qu'est née cette
théorie d'un enseignement bilingue dont on réclame
aujourd'hui l'application jusqu'au fond de la Bretagne celtique. C'est de Provence qu'on a, pour la
première fois, revendiqué l'adaptation de l'enseignement aux nécessités et aux conditions régionales et
j'évoque comme un exemple digne d'être médité souvent cette harmonieuse renaissance méridionale à laquelle un prophète et quelques dix lustres ont suffi.

C'est ainsi que l'Empire du Soleil, le domaine du
Félibrige, fut le berceau de la doctrine aux liens solidement coordonnés que nous voyons aujourd'hui partout invoquée et partout exploitée : le Régionalisme.
Mistral serait-il donc le père du Régionalisme ? J'ai
dit que le Félibrige avait été le premier acte de la décentralisation ; j'aurais dû écrire : du Régionalisme.

Les libertés que réclament aujourd'hui, avec un
ensemble émouvant de protestations, l'unanimité
des provinces de France, c'est le Félibrige qui les
a le premier revendiquées, toutes ou il s'en faut de
peu, pour ses provinces. Et si je ne dis pas : le
Régionalisme est tout entier issu du Félibrige,
c'est que le point de vue de la langue, s'il n'est pas
devenu secondaire, a cessé d'être le principal, pour

le régionaliste ; et c'est que les trois grandes fins du Félibrige : histoire, mœurs, langue, motifs d'exaltation et liens serrés entre l'homme d'hier et celui d'aujourd'hui, dans la continuité nécessaire d'une race forte, ces trois grandes fins ne sont plus ici que des moyens : des facteurs primordiaux.

Le Félibrige ne pouvait s'étendre au delà des provinces de langue d'oc : Il était d'origine latine et ne tendait qu'à la renaissance latine : car toute la France n'est point latine. [Affirmer le contraire serait commettre une véritable hérésie régionaliste. Il ne faut méconnaître, en effet, ni les vertus ni les forces de la race celtique, qui domine encore en certaines régions, françaises comme les autres de cœur et d'esprit.] Et surtout de littéraire et le local, le mouvement devenait social et national.

C'était, nous l'avons vu, ce qu'annonçait, en 1896, M. Charles-Brun. C'est ce que nous avons pu confirmer en 1917, selon de nombreuses expériences. « Le Félibrige est moins un but qu'un moyen », lisait-on encore dans la brochure sur *L'Évolution Félibréenne* : un moyen régionaliste.

Depuis vingt ans, que de progrès ! A la suite de Barrès, de Louis Marin, de Jean Buffet et de Georges Ducrocq en Lorraine ; de Jean Revel, en Normandie ; de Charles Le Goffic, d'Anatole Le Braz

et du Marquis de l'Estourbeillon, en Bretagne ;
de Hugues Lapaire et de Jean Baffier, en Berry ;
de F. Fertiault et de Gabriel Vicaire en Bourgogne ; d'Achille Millien en Nivernais ; d'Arsène Ver-
nemouze en Auvergne ; d'Antonin Perbosc, de Henry
Cellerier et de Olivier-Hourcade autour de Bordeaux ; de Léon Bocquet, en Flandre française ;
de Jules Destrée et de Maurice des Ombiaux, au
delà de nos frontières, en Wallonie ; de Philéas
Lebesgue en Picardie ; en Champagne, en Limousin, en Ile de France, en Dauphiné ; à la suite des
artistes et des poètes qui, partout, ont précédé les
hommes d'action, chacune des vieilles provinces
de la terre de France a travaillé, suivant l'exemple
des régions méridionales, à sa résurrection. Jamais
mouvement de pensée, jamais effort n'a connu plus
d'ampleur et plus d'unanimité.

Les promesses s'annonçaient à de proches
horizons lorsque, un soir du mois d'août 1914,
un soir ensoleillé, un soir de moisson, un soir
d'allégresse, un bruit sourd et tumultueux se ré-
percutant de distance en distance et semant à la
fois l'héroïsme et l'effroi vint distraire de leurs oc-
cupations les moissonneurs, les amoureux, les savants, les poètes et les penseurs : le bruit du canon allemand.

DEUXIÈME PARTIE

LES PROJETS ET LES ACTES

I

CONCILIATION

Si l'on s'en est remis à Charles-Brun pour les témoignages relatifs à l'évolution félibréenne, c'est que c'était à lui encore que devait être empruntée la définition du *Régionalisme*. C'est lui, en effet, qui a écrit, dans le grand livre qui a ce simple mot pour titre (¹), « le Régionalisme est un essai d'organisation ».

Je m'en voudrais d'introduire ici un motif de discussion politique : je cherche la conciliation, non le désaccord.

Mais je crois bien pouvoir dire que ce qui nous a

______

(¹) *Le Régionalisme*, 4ᵉ édit., Bloud et Cⁱᵉ édit., Paris.

le plus manqué, au cours de l'épreuve de ces quatre
années de guerre, c'est l'*organisation*. On aurait
attendu mieux de quarante années de paix républicaine. J'ignore si un autre régime eût fait mieux.
Mais je crois sincèrement qu'il ne faut accuser
nominalement personne, — en dehors de quelques
énergumènes et de quelques hommes politiques
dont il n'est pas nécessaire de faire revivre le souvenir — : car il ne saurait s'agir d'une question
d'*hommes*. Ils ont changé cent fois, et rien ne
changea sous eux, en quarante ans ! Cette question d'*organisation* mettrait-elle donc en péril le
régime ?

Et quand je dis : le régime, je n'entends pas dire
nécessairement la République. Car il y a cent façons
de concevoir un régime républicain, entre lesquelles
j'aimerais croire que nous avons choisi la pire ! —
Si l'on veut tenter de réformer et d'amender la
constitution, ne juge-t-on pas que la période de
transition, la période d'exception que nous traver-
sons dans la guerre serait particulièrement favorable ?

Or, on constate aujourd'hui que l'accord des
intelligences et des partis est à peu près complet sur
la théorie régionaliste. Jamais les propositions de
loi ou de résolution ne se sont rencontrées en si

grand nombre sur le bureau de la Chambre : c'est celle de M. Jean Hennessy, tendant à substituer aux divisions départementales des circonscriptions administratives plus étendues, des régions, et sur laquelle je reviendrai plus loin ; c'est celle de MM. E. Rognon, Lebey, Briquet, Moutet, Nadi, Berthon et Drivet, députés, ayant pour objet la réorganisation administrative de la France : ce sont celle de MM. Peytral et Roy et celle de M. Ed. Barthe, concernant l'une et l'autre la réforme administrative ; etc.

M. Jean Hennessy estime nettement que la guerre ajoute aux anciennes de nouvelles raisons de hâter la réforme régionaliste. Et cette idée a rencontré dans la presse un accueil exceptionnel.

C'est M. Marc Frayssinet qui écrivait — à propos du même projet de M. Jean Hennessy, dans *Le Courrier du Centre* (¹) — que :

« Les projets des régionalistes nous ramènent aux vrais principes républicains. Tant que la décision des affaires sera remise à des délégués incompétents ou trop lointains, l'organisation démocratique ne sera qu'une trompeuse façade. Le gouvernement du peuple par le peuple, ou cela ne veut

______

(¹) 25 juin 1915.

rien dire, ou cela veut dire : les affaires communales réglées par la commune, les affaires régionales réglées par la région. Les représentants de la nation auront ainsi et le temps et la liberté d'esprit nécessaires pour veiller aux grands intérêts nationaux dont rien — l'heure présente le rappelle durement — ne doit un seul instant les détourner.

C'est notre fierté qu'une telle réforme soit d'intérêt national, sans faire le jeu d'aucun parti, ou plutôt, en faisant, dans le même sens et de la même façon, celui de chacun.

A propos du même projet encore, M. Ajam estime aussi que :

« Ce n'est vraiment pas être réactionnaire que de souhaiter un dégorgement. Je crois sincèrement, ajoute-t-il, que la réunion de groupes de départements en vue d'une administration commune amènerait la simplification et des économies ».

Ce point de vue particulier n'exclut aucune généralité.

C'est de la réforme régionaliste aussi que M. A. Ribot déclarait. que ce serait là l'entreprise *d'un gouvernement républicain*. Il ajoutait : *Elle fera honneur au Parlement qui saura l'accomplir.*

M. Paul-Boncour écrivait, il y a longtemps : « Nous souffrons d'un excès de centralisation...

» Jamais les idées régionalistes n'ont été abandonnées par le parti républicain. Toujours, au contraire, d'excellents esprits ont associé la décentralisation et la République (¹) ».

— « La conception d'une République démocratique, comportant une organisation déterminée de l'Etat, implique une organisation correspondante de la province et de la commune, qui repose sur les mêmes principes de droit que la société nationale elle-même. ... La décentralisation, pour nous, c'est la création de foyers de liberté », déclarait M. Clemenceau dans la *Dépêche* du 8 avril 1904.

Et en 1917 (28 juillet), il témoignait par les lignes qui suivent, dans *l'Homme Enchaîné*, qu'il n'avait point changé d'opinion :

« Une fédération d'États pourra peut-être, un jour, s'installer chez nous, dès que nous aurons renoncé aux mœurs de la centralisation à outrance. De ces mœurs, nous avons cruellement souffert, nous continuons d'en souffrir, et les critiques abondent de tous côtés. Mais aussitôt qu'on parle de relâcher l'enserrement napoléonien, il semble que la France soit perdue. »

Mais lorsque M. Clemenceau devint à nouveau

____

(¹) *La Renaissance latine*, 15 juillet 1903.

Président du Conseil, il ne songea plus du tout à reformer ces mœurs...

— «,La défense des droits de l'État ne réside pas en une tutuelle tatillonne, lente, procédurière et formaliste. Plus d'un fait nous démontre qu'il est peut-être temps de rappeler nos administrations publiques à une compréhension meilleure, à un respect plus sincère des initiatives et des libertés communales, en tout ce qui ne touche pas à la vie politique du pays et à la défense républicaine », opinait M. Paul Strauss, dans *Le Signal* (31 juillet 1903).

« Avant peu, annonçait vers la même époque (29 juin 1903) M. Maurice Barrès, il y aura le Régionalisme, c'est-à-dire qu'ayant vu nos diversités, on s'accommodera pour vivre avec elles. »

Plus tard, à Saint-Chamond (10 août 1910) dans un discours que nous n'avons pas oublié, M. Briand, dont l'avis a pu être autorisé, déclarait : « Vous avez pu constater que les rouages administratifs de la France sont singulièrement vieillis. J'inclinerais, quant à moi, pour l'établissement, dans un temps rapproché, de groupements d'intérêts plus larges, de groupements régionaux avec des assemblées correspondantes... Les assemblées groupant les intérêts dans la région, ce sont les moyens les plus propres à travailler à la prospérité générale ».

Lorsque le ministre du Commerce, M. Clémentel, au mois de juin 1917, annonça au Congrès des Présidents de Chambre de Commerce un projet de division de la France en dix-neuf régions, il y avait longtemps qu'il en avait pour la première fois caressé l'idée, — et notamment en 1904, au cours de son rapport du budget de l'Intérieur. Décentraliser, régionaliser, pour lui cela revenait à « organiser la démocratie », et il affirmait nettement que « tous les véritables républicains désirent ardemment la décentralisation ».

Lysis, dans son livre *Vers la démocratie nouvelle* (¹), écrit (p. 257) : « La direction vers laquelle nous sommes orientés tend à créer partout l'*autonomie*, la conscience et la responsabilité en replongeant le citoyen actuel si tristement déraciné dans son milieu vivant », c'est-à-dire dans son pays.

Ces témoignages de Français de tous les partis, auxquels on en pourrait ajouter encore bien d'autres, et par exemple ceux de M. Paul Deschanel (²), de M. Gabriel Hanotaux (³), de Jaurès, etc... sont de nature à apaiser tous les scrupules républicains.

(¹) A. Payot, édit.
(²) Cf. *La Décentralisation*.
(³) Cf. *Histoire de la France contemporaine*.

N'est-il pas rare qu'une même formule puisse satisfaire à la fois les ambitions de partis différents ?

Nous ne serons pas plus étonnés de voir le chef
du parti nationaliste, M. Charles Maurras, en bon
disciple de Mistral se rallier aux conceptions démocratiques des hommes d'État cités plus haut. A la
vérité, il les avait souvent prévenues. Mais la question présente un intérêt plus grave que chronolo-
gique. Les théories de M. Maurras, évidemment,
diffèrent parfois de celles de ses compétiteurs politiques. Mais, sur ce point, on sent qu'ils s'accor-
deraient aisément. Et que déjà la conciliation se
soit faite sur un même terme, n'est-ce pas un
symptôme significatif et lourd des plus encoura-
geantes promesses ?

M. Maurras est convaincu « que la République
ne peut pas décentraliser ». Mais les idéologues
républicains sont d'un autre avis. Qu'elle le puisse
ou non, l'important est que la décentralisation se
fasse. Et ce qui est plus important encore que toute
argumentation, c'est qu'on soit décidé à la faire. Le
comte de Chambord, nous dit M. Maurras, n'a pas
hésité à écrire : « La décentralisation est une de
nos doctrines ». Dès lors, nous pouvons tourner
cette page : la conciliation est faite.

Pour le démontrer, ne nous eût-il pas suffi,

d'ailleurs, d'offrir aux yeux des critiques l'harmonieuse liste des noms des éminentes personnalité. qui composent le comité de la Fédération Régionaliste Française ?

Ce sont ceux de MM. Paul Adam, Jean Baffier, Maurice Barrès, Pierre Baudin, Paul Deschanel, Paul Doumer, de l'Estourbeillon, P. Foncin, de Gailhard-Bancel, J. Godart, André Hallays, Vincent d'Indy, Abbé Lemire, de Marcère, Louis Marin, L. Martin, Albert Métin, Adrien Mithouard, J. Paul Boncour, A. Ribot, A. de La Rochefoucauld, Maurice Schwob, le regretté Charles Beauquier, etc.. Chacun de ces noms ne représente-t-il pas un véritable chapitre de l'histoire du Régionalisme, et chacun n'apporte-t-il pas un témoignage spécial ?

On a dit : « Le Régionalisme est un essai de conciliation ». — *Conciliation !* Voilà un grand mot. Il faut le crier avec cette force joyeuse qui devait être celle des marins de la légende de Colomb, lorsqu'ils virent la « Terre ! » Il est d'un bel espoir, en effet, et noble aussi, en un temps de désarroi, dans un pays à qui manque « une foi commune ». Il est aussi et surtout le meilleur argument qui puisse être fourni en faveur d'un système. On peut pourtant en invoquer un suprême, et c'est celui qui intéresse,

pour le salut de la patrie, la défense nationale :
Nos ennemis voyaient dans notre régime actuel un
puissant auxiliaire. Nous savons que nos discordes
ajoutaient à leur force. Mais il faut révéler que
Bismarck se réjouissait de notre division administrative, dont l'incohérence et l'indépendance devaient, par deux fois, servir ses desseins. Il ne cachait
pas sa façon de penser à cet égard. Et l'on rap-
porte — c'est, entre autres, M. Jean de Bonnefon ([1])
— qu'un jour, à l'exposition de 1867, en contem-
plation devant la carte départementale en relief, il
disait :

« C'est un échiquier dessiné par les ennemis de la
ligne droite » !

Or, il n'était pas seul de cet avis. A celles d'un
bon nombre de Français, s'ajoutent les condam-
nations d'étrangers avertis. Le même chroniqueur
en cite quelques-uns ([2]).

« Gladstone appelait la même division :
» — Un défi au bon sens.
» Cavour s'écriait :
» — C'est une catastrophe géographique !

([1]) *La leçon de l'ennemi.* « La France de Bordeaux », 12 février 1915.

([2]) *Ibid.*

» Avant ces hommes, l'Anglais Burke, pèlerin
d'ailleurs malveillant au pays de la Révolution,
avait noté ceci, à propos de nos départements :

— Ces prétendus citoyens traitent la France
exactement comme un pays conquis. Ils ont détruit
tous les liens de son union sous prétexte de pourvoir
à l'indépendance de chacune de ses villes. Ils se
sont vantés d'avoir adopté pour leurs départements
une disposition géométrique au moyen de laquelle
toutes les idées locales seraient détruites... »

Ces réflexions anciennes se passent maintenant de
commentaires. Et nous ne saurions pas trouver de
plus décisif argument. .

Dès le début de notre guerre, un écrivain suisse,
dont on regrette de ne connaître que les initiales,
M. Ed. C., marquait, dans une page clairvoyante
et qui vaut d'être citée, combien notre centralisation nous causait d'affaiblissement. En un parallèle
dont l'opportunité m'échappe, mais dont la documentation est fort curieuse, cet écrivain montrait
l'Allemagne et la France victimes de la même centralisation (¹) :

« Je suis convaincu, écrivait-il, que la France
comme l'Allemagne ont eu grand tort de renoncer

(¹) *La Gazette de Lausanne*, 23 mars 1915.

au régionalisme : ce qu'elles ont cru gagner en force ne fut pas un gain. La guerre actuelle fait toucher du doigt ce qu'il faut penser d'une force acquise à ce prix. Les gouvernements forts font les peuples faibles, tandis que les peuples forts peuvent, à la rigueur, se contenter de gouvernements faibles... L'erreur allemande a été de croire qu'il était indispensable à la création d'une grande Allemagne de sacrifier l'autonomie des petits Etats allemands. Cette erreur avait été précédée de l'erreur napoléonienne, qui n'en était pas une au point de vue napoléonien, mais oui bien au point de vue français.

« Pour fonder un empire doué d'une énorme puissance agressive, Napoléon avait compris la nécessité de l'affaiblissement régional de la France, et, pour arriver à ses fins, il n'avait pas hésité à sacrifier l'héritage de longs siècles d'histoire. Le but de Bismarck fut identique et il le réalisa par les mêmes moyens. Le peuple de France ni le peuple d'Allemagne n'ont rien gagné à ce jeu, sinon sous la forme d'avantages purement matériels ; en ce qui concerne les valeurs supérieures, les biens les plus précieux d'un peuple, ils ont beaucoup perdu et la constatation en a été faite à mainte reprise par nombre de bons esprits. »

La France, dit-il encore, eut pu s'assurer « une toute autre vitalité en adoptant une constitution fédérative », analogue à celle de la Suisse : c'est ce que préconisent les théoriciens du Régionalisme. Mais M. Ed. C. ne dit pas que la France était et reste encore, à tous égards, beaucoup plus centralisée que l'Allemagne. Et voilà bien quel était le danger que nous n'avions pas voulu voir.

— Quand l'arbre est mort le plus timide bûcheron n'hésite plus à l'abattre.

LES ANCIENS ET LES NOUVEAUX PROJETS

Et pourtant, on ne l'abat point. Il pourrit sur place...

On n'imagine pas le travail législatif qu'a suscité l'idée régionaliste : les propositions de loi et de résolutions se succèdent sur les bureaux des Chambres, depuis de longues années, répondant aux vœux émis de toute part. Le parlement, dans sa majorité, reste seul indifférent à ces questions, comme d'ailleurs à toutes celles qui l'embarrassent ou ne mettent pas directement et immédiatement l'intérêt électoral en jeu.

La liste des différents projets [tant ceux que nous devons à l'initiative parlementaire, que ceux qui

sont dus à l'initiative privée] est longue à consulter ;
mais elle vaut d'être reproduite, d'un point de vue
documentaire.

Parmi les premières qui aient été élaborées, on
signale par exemple la carte de M. Ch. Noyer (1886),
qui prévoit six grandes régions ; et celle de M. Ch.
Garriguet (1899) qui forme trente départements (¹).

En 1851, Bechard, dans son ouvrage : *De l'administration intérieure de la France,* en maintenant
les départements, créait vingt-et-une circonscriptions divisionnaires. La même année, Gandot,
conservant aussi les départements, indiquait dans
son traité : *De la Grandeur Possible de la France,*
les centres des vingt-cinq provinces qu'il prévoyait.
Auguste Comte, en 1854, et dans son même *Système de politique positive,* maintenant toujours les
départements, indiquait à son tour les centres de
dix-sept intendances. F. Le Play à sa *Réforme sociale en France* (t. II), annexait aussi l'esquisse d'une
division provinciale de la France (1864). Il préconisait le maintien des départements, tout en admettant
« quelques remaniements utiles ». Ses provinces

(¹) La liste en est donnée par M. Charles-Brun dans son
ouvrage *Le Régionalisme* (Appendice III), ainsi que pour
chacun des projets dont il va être parlé.

étaient au nombre de treize. En 1869, dans un ouvrage intitulé: *Les Réformes Nécessaires*, Fournier de Flaix, de la même façon, formait dix-neuf régions.

Dans un rapport présenté au II⁰ Congrès des jurisconsultes catholiques (à Lille, en 1886), M. Hervé-Bazin présentait une carte de vingt-quatre provinces, en réservant à la ville de Paris une organisation spéciale. M. F. Lepelletier, dix ans plus tard, étudiant *La Décentralisation et les économies à réaliser par cette voie* (1896), prévoyait vingt-sept provinces, dans le cadre desquelles il maintenait aussi le département.

L'un des projets les plus complets est celui de M. P. Foncin. Il date de 1898. L'Inspecteur Général n'avait pas craint de supprimer complètement les départements. Il les remplaçait par trente-deux régions. Il y a lieu de citer encore M. G. Sonais (Cf. *Les Études Religieuses*, 20 novembre 1902) qui indiquait les centres de vingt-quatre provinces, en admettant des modifications dans les frontières départementales.

M. Cordier-Joly (*Le Rappel*, 3 janvier 1903), supprimait les départements pour les grouper en 18 régions. M. L. Sentnpery (1903) délimitait vingt grandes régions administratives, en maintenant les départements. Le colonel Royal (Cf. *Décentralisation*, Malzéville, Nancy, E. Thomas, 1906) sans imposer le maintien d'aucune subdivision actuelle, formait quinze régions, cependant que M. Maurice Toussaint (même ouvrage) délimitait, sans tenir compte des départements, vingt-sept provinces.

Au congrès tenu à Marseille en septembre 1906 par l'Alliance française et les Sociétés de Géographie, M. Henri Baré présentait un rapport en faveur de quinze régions, dans lesquelles lui aussi maintenait les départements. Au même moment, dans l'*Action française* (15 septembre), mais en admettant des remaniements dans les départements, M. La Tour du Pin Chambly proposait seize gouvernements provinciaux.

Le projet présenté dans l'*Action Régionaliste*, en 1907, par M. Henri Mazel est plus complexe. Il maintient, avec des rectifications sur certains points de détail, le département. Mais il établit une division à deux degrés, si l'on ose dire : en tout et pour tout sept régions, mais divisées en vingt-trois sous-régions. Ce n'est pas simple ; mais le souci de l'auteur semble répondre à une crainte légitime (¹).

C'est la même année, dans l'*Action Régionaliste*, que MM. Lhuillier et B. Sarrieu ont successivement exposé leurs projets. Le premier maintient encore les départements et indique les vingt et un centres

---

(¹) M. Henri Mazel a donné un nouvel exposé de son projet, légèrement modifié, dans un livre récent : *La Nouvelle Cité de France*. Alcan, édit. 1917.

de provinces ou préfectures ; le second se contente
de seize provinces et supprime les départements.

Sept régions, mais vingt-quatre sous-régions,
avec maintien des départements, telle est aussi la
thèse qu'a soutenue M. J.-B. Ruffin à Bordeaux,
en 1908, au congrès national des Sociétés françaises
de géographie.

Au cours d'un article paru dans la *Revue de
Paris* en 1910, M. Vidal de la Blache, sans rien
vouloir proposer et se bornant à *constater*, écrivait
que « sous la pression croissante de la concurrence », des régions spécialisées s'étaient spontanément délimitées. Il en apercevait dix-sept, dont il
dressait la liste. La division est purement géographique. M. J. Arren qui, avant de trouver une mort
glorieuse devant l'ennemi, avait mené avec vaillance
le bon combat régionaliste, avait donné son adhésion à la proposition de M. Vidal de la Blache.
« Plus que du passé, écrivait-il, elle tient compte
du présent, on pourrait même dire de l'avenir, car
elle prend pour « centres régionaux » les villes
appelées à se développer et à dominer la vie économique d'une contrée » (¹).

____

(¹) *La Petite Revue*, « Les Régions de France », 25 avril
1914.

LA FRANCE EN 25 RÉGIONS

Projet de division proposé par M. Charles-Brun, en 1912.
(Le cadre du département est généralement respecté).

Le Petit Journal (22 septembre 1912) a publié, sur toute une page de son format, une carte de vingt-cinq régions — y compris l'Algérie et la Tunisie. Trois articles de M. Charles-Brun expliquaient la carte. Et ce projet semble bien être le dernier en date parmi ceux qu'ait proposés l'initiative privée.

L'initiative parlementaire nous en a également valu quelques-uns. On citera pour mémoire — et toujours d'après le livre de M. Charles-Brun — celui de Raudot (1871, vingt-quatre régions), celui de M. Hovelacque (1890, dix-huit départements), la proposition de MM. Langinais, Allières et Ramel (1895, vingt-trois régions), la proposition Cornudet, Lockroy, etc. (1896, vingt-quatre régions), la proposition de MM. Louis Martinet et Chassaing (1901, vingt régions), la proposition Ch. Beauquier (1902, vingt-cinq régions), etc...

Et depuis la guerre, de nouveaux projets ont été élaborés encore, dont la liste doit s'ajouter à celle de ces travaux.

Le plus important, le plus complet est assurément celui que représente la proposition de loi de M. Jean Hennessy, plusieurs fois déposée et remaniée, et autour de laquelle une grande publicité a été suscitée un peu partout. Plus que l'économie de ce travail, c'est l'idée qui peut nous en intéresser surtout, ici : car nous constatons parfaitement les progrès d'un mouvement d'opinion dont le succès n'est plus que l'affaire de quelques années.

M. Jean Hennessy écrit, soit en commentant son projet, soit en le présentant :

« A toutes les raisons de hâter ces réformes, tirées de l'anomalie politique dans laquelle nous vivons et de l'impossibilité d'assurer le développement économique d'une République aussi centralisée que la nôtre, *s'en ajoutent aujourd'hui de multiples engendrées par la guerre.*

« Après la victoire, lourde encore sera la tâche des citoyens français ; nous n'aurons pas seulement à rétablir notre équilibre financier, et pour maintenir le crédit national, à réduire la proportion entre l'encaisse métallique et les billets émis par la Banque de France, mais il nous faudra consolider la dette d'État, réparer les ruines de toute nature, rebâtir les pays dévastés, indemniser les éprouvés, pensionner les blessés et les familles des morts, tout en continuant à assurer la sécurité du pays.

« Comment y pourvoir, si notre industrie arrêtée, notre commerce extérieur suspendu, notre agriculture négligée ne prennent pas immédiatement un essor inconnu jusqu'à ce jour et ne mettent pas à la disposition des finances nationales des ressources nouvelles ?

« Avec l'énergie de la race française, tous les maux sont réparables ; mais il faut que l'Etat, par des lois appropriées, rende, *dans l'intérêt général*, l'effort de chacun, aussi productif que possible. Le peut-il sans une réforme administrative complète qui seule libérera toutes les bonnes volontés des entraves qui les enchaînent ?

« Les Français ne doivent plus se griser de paroles, mais agir. *Ce que les gouvernements ou les représentants de l'Etat, incapables de suffire à la direction de toutes les affaires publiques suscitées par la vie moderne, ce que les Chambres surchargées de besogne et parfois asservies à des intérêts particuliers ne peuvent plus faire, doit être l'objet de la discussion des assemblées régionales et doit être exécuté par leurs délégués.*

« Les bouleversements que la guerre occasionnera, par une heureuse conséquence, s'ils rendent la réforme administrative plus urgente, la rendent aussi plus aisée. »

Le législateur propose en conséquence la création de 23 régions économiques, suivant le projet de division géographique établi par M. Vidal de la Blache ; il introduit dans notre administration générale certaines réformes dont chacune prête à la discussion ; mais c'est déjà un grand point de les avoir proposées, même si elles sont perfectibles, et si elles ne satisfont point entièrement l'esprit des doctrinaires du Régionalisme ; il crée des assemblées régionales élues sur le principe de la représentation professionnelle et proportionnelle ; et l'on ne peut nier que ce ne soit là un travail du plus haut intérêt et précieux pour nos études (*Voir la proposition de loi déposée à la Chambre le 19 avril 1915, sous le n° 847*).

N'a-t-elle pas provoqué déjà ce fort mouvement de presse et d'opinion dont on a eu à se souvenir un peu plus haut ?

Depuis la proposition de loi de M. Hennessy, d'autres ont été offertes, dont mention a été faite déjà. Et voici encore un travail précis, dû à un économiste fort distingué, M. P. du Maroussem, qui établit quinze circonscriptions économiques, suivant un plan nouveau (Cf. *Journal du lundi*, 18 septembre 1916). Voici même une thèse de doctorat sur la réforme administrative : l'étude en est sérieuse ; la conclusion en est nette : c'est M. Marc Guy, docteur en droit et avocat, qui l'a soutenue avec un beau succès, le 29 mai 1916, à Paris (Edit. du Cercle des Fonctionnaires de France, 17, Avenue de l'Opéra).

Et il n'est pas jusqu'à l'Institut, à l'Académie des Sciences Morales et Politiques, où l'idée régionaliste n'ait fait l'objet de discussions. Notamment, M. Imbart de la Tour a pu présenter un mémoire sur l'organisation administrative de la France. Ainsi, au cours de l'année 1917, le Régionalisme pénétrait à la fois à la Faculté de Droit de Paris et à l'Académie des Sciences Morales et Politiques ! (¹)

.(¹) Notons qu'à leur ouvrage intitulé *Un Autre Esprit* (Société d'Études Economiques et Sociales), MM. Motti et Fourmond ajoutaient au début de cette même année un questionnaire à leurs lectures ; et la première question posée par eux avait trait à la « Décentralisation Administrative » et la substitution de la région au département.

III

PENDANT LA GUERRE

Ces notes documentaires ont pour fin de prouver que l'idée régionaliste n'a rien perdu de sa faveur ni de sa force du fait des événements (¹). Il faut noter en outre quels essais et quelles réalisations le gouvernement a déjà tentés, au cours même de la guerre, pour la décentralisation : ils sont timides, insuffisants, et ne convaincront peut-être pas : ils donnent néanmoins ce témoignage important qu'un nouvel esprit préside

____

(¹) On s'en est rendu compte également au Congrès tenu à Paris en mai et juin 1917 par la Fédération Régionaliste Française, dont le succès fut tout-à-fait grand.

désormais à la gestion des affaires publiques. Se rendrait-on enfin à l'évidence?

Le 22 juillet 1915, M. Hennessy déposait une proposition de loi tendant à la création immédiate de Conseils économiques régionaux, provisoires, à raison d'un par région de corps d'armée. La proposition fut repoussée par le gouvernement. Mais le 25 octobre suivant, le même gouvernement prenait un décret « relatif à la création et au fonctionnement de comités consultatifs économiques » dans les régions militaires.

Nous n'avons pas à considérer l'opportunité d'une telle mesure. Ce qui doit être noté, c'est que ces Comités régionaux, créés pour faciliter la mission de l'Intendance et étudier les moyens de développer la production agricole et industrielle, ont depuis fonctionné partout et donné parfois quelques bons résultats.

Le 17 février 1916, un député de confession socialiste, riche amateur d'art, écrivain éclairé, déposait une proposition de loi, préconisant notamment, au siège de chaque université « considéré comme centre de *région* », la création d'une commission locale destinée à seconder les efforts décentralisateurs et novateurs d'un Office central de l'art régional dans la construction et le mobilier.

Une telle proposition ne pouvait d'ailleurs rallier les suffrages des régionalistes, car elle était conçue dans un esprit nettement contraire aux principes de leur doctrine. Mais enfin M. Lebey, son auteur, marquait son désir de créer les régions artistiques : c'était l'abandon de la division départementale dans cet ordre d'idées.

Avant que ce projet ait pu venir en discussion, le gouvernement instituait par arrêtés d'abord un Comité central technique des arts appliqués, ensuite des Comités régionaux des arts appliqués. Les attributions de ces nouveaux organismes correspondent à très peu près à ce que préconisait M. Lebey. Toutefois, le Sous-secrétaire d'État des Beaux-Arts semblait prendre une initiative hardie : en groupant (d'ailleurs suivant des notions fort arbitraires) les départements, il créait à son tour la région artistique. J'ai fait ailleurs le procès de cette création, qui ne saurait nous satisfaire (¹).

Mais ce sont là deux faits qui ont leur importance : deux ministères ont eu recours, au cours de la guerre, à une organisation régionale, en brisant

---

(¹) On trouvera, en appendice à ce livre, quelques notes complémentaires sur les suites données à cette initiative régionalisante.

le cadre trop exigu· du département. Enfin un troisième ministre, M. Clémentel, ainsi qu'on l'a vu plus haut, au mois de juin 1917, annonçait son intention de diviser la France en seize régions économiques. On verra plus loin comment ce projet fut accueilli. Et nous croyons savoir que dans le même temps on préparait au Ministère de l'Agriculture une enquête relative à la détermination des régions agricoles.

Il faudra des tâtonnements et des réformes plus sérieusement étudiées pour arriver au résultat convoité. Mais il y a là certains signes des temps dont il sied de retenir l'augure, et qui, dans une étude comme celle-ci, doivent être observés, car ils représentent des actes, — et les premiers peut-être que l'on doive à un gouvernement français, depuis que le Régionalisme est annoncé.

IV

LES ARGUMENTS NOUVEAUX

Et voici que l'étranger nous envoie des arguments nouveaux. De l'article si intéressant
publié par *La Gazette de Lausanne*, je détache
encore ces passages, en indiquant au préalable que
ce que l'auteur appelle ici *fédéralisme* n'est autre
chose que ce que nous-mêmes avons dénommé
Régionalisme.

Il dit :

« Le fédéralisme suisse — des politiciens clairvoyants l'ont signalé depuis longtemps — après
avoir servi de modèle aux États-Unis d'Amérique et
aux États-Unis du Brésil, est destiné à servir de
modèle quelque jour aux futurs États-Unis d'Eu-

rope. *Il a démontré la possibilité d'une forte unité
combinée avec une extrême diversité.* Procédant d'un
principe tout opposé à la centralisation impérialiste
allemande d'aujourd'hui, il est également aux anti-
podes de la centralisation niveleuse que la grande
révolution introduisit en France. »

L'argument ne vaut que par rapport à l'expérience qui le propose. Il ne s'agit pour nous ni
d'imiter la Suisse, ni de copier sur celle des États-
Unis d'Amérique une organisation nouvelle. L'unité
ne souffrira pas d'une plus grande diversité : voilà
ce qu'il faut retenir du principe. C'est à nous d'appliquer à la France un Régionalisme conforme à ses
besoins, à ses coutumes, à ses intérêts, à ses destinées.

L'auteur des pages que je cite n'ignore pas que
la centralisation napoléonienne nous fut nécessaire, pendant un long temps, pour sauver l'unité
nationale compromise.

« Mais aujourd'hui ? » — demande-t-il... Et il
répond :

« L'idée française, l'unité nationale ne sont plus
menacées. L'exemple de la Suisse et des États-
Unis prouve qu'une confédération peut présenter
tous les caractères de solidité et de durée que l'on
peut souhaiter. La démonstration est faite. Paris

perdrait de son importance au point de vue administratif, mais quelle influence cela pourrait-il avoir
sur le rang de Paris dans le monde de l'idée, de la
connaissance, de l'art? Pour compenser cette légère diminution, on aperçoit en foule des avantages
évidents. Des capitales secondaires comme Lyon,
Marseille, Toulouse, Bordeaux, Lille prendraient
rapidement un essor magnifique. La vie refluerait
avec force vers les anciens centres de vie et de lumière, réduits aujourd'hui au rôle de simples préfectures. »

Nous savons, d'ailleurs, que le rôle de Paris et
son influence cosmopolite ne seraient nullement
amoindris par l'accroissement de grands centres régionaux. Il ne s'agit pas de diminuer Paris, mais
de renforcer le corps de la France qui supporte
mal cette tête disproportionnée, congestionnée,
qu'est sa capitale. On ne voit point comment on ravirait à Paris une partie de son prestige en favori-
sant l'essor des grands centres industriels ou intellectuels des provinces : aucun d'eux ne sera jamais
appelé à tenir dans le pays le rôle d'une capitale.

Précisons sur ce point la pensée exacte des régionalistes en nous en référant à nouveau à l'autorité de M. Charles-Brun qui, au Congrès de 1912,
saluant le Conseil Municipal de Paris au nom des

régionalistes réunis autour de lui, s'en est expliqué
magistralement dans un discours souvent reproduit
depuis :

« Je ne soutiens pas un paradoxe, je m'accorde
avec les meilleurs et les plus avertis des Parisiens en
avançant que les bons Parisiens sont de bons régionalistes. Leur intérêt, comme celui de nous tous,
est de demeurer eux-mêmes, de se développer selon
leur rythme et de ne recevoir d'apports étrangers
que ce qu'ils en peuvent aisément assimiler. Nous
raillons volontiers — et avec raison — les provinciaux qui singent les Parisiens, mauvaises copies
d'originaux excellents, les provinciales qui re-
noncent à leurs parures séculaires, à leurs grâces
naturelles pour étaler péniblement des grâces ap-
prises. Il se peut qu'à être envahis comme le sont
les Parisiens, ils s'exposent à perdre les plus précieux de leurs dons, sans les transmettre, car ils
sont incommunicables. Qu'est-ce que le goût parisien ? Un coup de pouce négligent du sculpteur
modelant une statuette ? Le rapide crayon d'un Ché-
ret ? La silhouette féminine qui glisse sur le boule-
vard à l'heure où l'électricité s'allume ? Nous sommes
bien balourds si nous pensons y atteindre jamais.

« En le copiant, nous risquons de le gâter, et
voilà tout. »

Voilà qui précise le point de vue esthétique.
Les points de vue politique et économique sont
compris de la même façon par les régionalistes. Il
ne s'agit donc pas de tuer le prestige de Paris, ni
de lui ravir son rôle.

Le Régionalisme fournira aux grandes villes provinciales un « moyen de s'assurer le degré de
force nécessaire à leur défense sans jamais atteindre
à un excès de puissance agressive menaçant pour
leurs voisines ».

Et l'écrivain suisse dont j'évoque les vues ajoutait fort judicieusement ses arguments désintéressés
et expérimentés aux nôtres ; il disait encore :

« Un peuple ne peut être fort que s'il est vraiment souverain ; et il n'est vraiment souverain que
dans les petites agglomérations. Si donc un vaste
territoire est une condition de force pour les États
puissamment centralisés, seuls les petits États
peuvent constituer des peuples forts. La force d'un
empire est faite, en réalité, de la faiblesse, de l'ab-
dication des peuples qui le composent. Jamais le
génie allemand n'a été aussi rayonnant, jamais le
peuple allemand n'a été plus fort qu'au temps où
les États allemands étaient faibles. »

Curieuse constatation dont l'exactitude étonne
d'abord, mais que la raison confirme.

L'écrivain suisse appelle « nationalités » ce que nous appelons *régions* ou *provinces*. A la vérité, c'est encore lui qui a raison. Mais l'amalgame des petites nations a fini par constituer les grandes. Mieux vaut aujourd'hui limiter l'emploi du mot *nation*, et le réserver pour désigner les pays régis par une même organisation politique, soumis à un même gouvernement. Notre auteur ajoute donc :

« Chacune des *nationalités* ([1]) entrant dans le faisceau national apporterait à l'ensemble une activité décuplée, formant par sa diversité un complexe merveilleusement riche et varié. On voit sans peine ce que la France aurait à y gagner ; on cherche en vain ce qu'elle pourrait y perdre. Toutes les difficultés d'ordre intérieur pourraient être assez facilement réglées par la constitution *fédérale* ([2]). »

Il est extrêmement réconfortant de voir comment un profane de bon sens peut s'accorder du premier coup avec nos plus vieux théoriciens et hommes d'action : nous avons dit cela cent fois. Cet argument se trouve donc une fois de plus vérifié par l'expérience de notre auteur. Continuons avec lui :

([1]) Régions.
([2]) Régionaliste

« Le pouvoir central, auquel resteraient en tout cas les relations extérieures, l'armée, la marine, les postes et télégraphes, les chemins de fer, formerait une armature puissante, donnant à la confédération l'homogénéité et la force. Et les grands conflits moraux d'autre part, questions scolaires, questions religieuses et autres, répartis, émiettés entre les divers États fédérés (¹), perdraient toute acuité et ne risqueraient plus de dresser une moitié de la nation contre l'autre. »

Après l'histoire et l'expérience de la Suisse, le sentiment :

« De même que le Suisse se sent d'autant plus suisse qu'il se sent Vaudois, Bernois, Tessinois ou Grison, le Français se sentirait d'autant plus français qu'il se sentirait plus Picard. Angevin, Auvergnat, Berrichon, Champenois. Car on n'efface pas d'un trait de plume l'œuvre des siècles. Les vieilles provinces de France sont le fruit d'une longue évolution, de centaines d'années de vie et d'action commune. Chacune possède un riche patrimoine de tradition et de gloire que lui ont légué les meilleurs de ses enfants. Ce patrimoine, elles ne

---

(¹) Toujours l'exemple de la Suisse. Mais pour nous il s'agit toujours de régions.

demandent qu'à le faire refleurir et fructifier, mais à condition qu'on le leur rende. Versé à la masse, il perd pour elles les trois quarts de son intérêt. C'est *leur* champ, qui ne prospèrera que travaillé avec amour par ses maîtres légitimes. »

Venue de Suisse, cette voix sera sans doute mieux écoutée que la voix des écrivains français qui ont répété cela pendant des années et des années. On les accusait de vouloir faire le jeu des *séparatistes*. L'écrivain neutre dont j'invoque l'avis étant plus désintéressé sera mieux écouté. Il est très remarquable que les meilleurs amis étrangers de la France nous conseillent de la sorte.

Cet ami ajoutait très justement, en effet — et j'achèverai cette citation par ce dernier avis — :

« Qui sait si de la guerre actuelle ne naîtra pas une nouvelle orientation, un retour aux saines traditions, point de départ d'une nouvelle et superbe floraison pour le *peuple* de France ? Dans ce cas, la guerre aurait été pour nos voisins le plus grand des bienfaits, et le prix de la régénération n'aurait pas été payé trop cher (¹).

. . . .

(¹) Mais ces lignes sont de 1915... Déjà nous l'aurions payé trop cher. Et c'est une raison de plus pour que plus réel soit le bienfait.

« Reconstituer la Pologne, c'est bien, c'est juste, c'est nécessaire. Mais il serait bien sot de ne reconstituer qu'elle. Charité bien ordonnée commence par soi-même. Aux régénérateurs de la France de demain s'impose la tâche et le devoir de ressusciter avant tout ces *nations* glorieuses qu'une longue éclipse n'a pu faire mourir : Vendée, Aquitaine, Poitou, Lorraine... »

Ecoutons la voix autorisée qui nous vient du dehors...

TROISIÈME PARTIE

NOS POSITIONS PRÉSENTES

PENDANT LES GUERRES

J'ai parlé ici de Régionalisme sans l'avoir défini. Ce n'était pas ma tâche : et d'ailleurs d'autres l'ont accomplie (¹). Il est inutile de les aller piller pour nourrir un travail à qui s'offrent assez d'autres aliments. Mais on se tromperait fort si l'on imaginait qu'une doctrine aussi résolument réaliste que celle-ci n'a pas subi l'évolution commune à tout ce qui vit. Vingt ans, et plus, vingt années de propagande et d'études n'ont pas roulé sur nous leurs

-----

(¹) Le seul ouvrage qui fasse vraiment autorité en cette matière, l'évangile du Régionalisme, si j'ose dire, est celui de notre ami Charles-Brun, précédemment indiqué : *Le Régionalisme.* (Bloud, Éd. Paris.)

flots chargés d'événements divers et de leçons, sans provoquer, parfois, certaines modifications dans notre façon de voir dont il sera intéressant, un jour, de rechercher les raisons.

Il y a loin du Régionalisme sentimental et intellectuel même chargé de présages sociaux qui nous fut légué par le Félibrige et ses exemples aux questions d'ordre économique qui occupent aujourd'hui, à l'exclusion de tout autre point de vue, un bon nombre d'entre nous.

L'expérience de ces « coreligionnaires » était d'ailleurs nécessaire. Les projets auréolés d'idéalisme que nous nourrissions il y a quelques années ne seraient plus de saison aujourd'hui. Il ne s'agit pas seulement de décongestionner le cerveau de la France, d'enrayer la paralysie bouffonne de sa machine administrative : il faut organiser la victoire économique. Si cette tâche n'est pas exclusive, elle est celle qui s'impose à nous avec le plus pressant des soucis. Beaucoup, d'ailleurs, ne sont venus au Régionalisme que sous la poussée des événements : devant la menace trop éloquente hélas ! des réalités que le sentiment avait découvertes à d'autres. La réforme administrative n'intervient qu'après : elle est la condition des réformes nécessaires au plein rendement de nos ressources économiques et au plein épanouissement de nos ressources intellectuelles ou artistiques. Mais c'est le souci de favoriser l'un ou l'autre qui nous amenait à préconiser ces réformes et à concevoir un nouveau système administratif. On a pu le voir d'après le passage que nous avons extrait plus haut d'un texte de M. Jean Hennessy. De sorte que ce que nous souhaitions comme une amélioration, un progrès, il y a quatre ans, devient, du fait de la guerre, une condition avec laquelle il n'est plus permis de discuter. Condition de vie, je le crois sincèrement ; condition de prospérité et de richesse, condition de force, il n'est pas douteux.

Nul de ceux dont l'esprit a été sollicité par ces problèmes ne songe d'ailleurs à temporiser. Les législateurs qui interviennent seulement aujourd'hui parlent sur un ton dont la fermeté étonne. Ce n'est pas une expérience qu'ils sont curieux de tenter. C'est le salut qu'ils cherchent. Ainsi M. Jean Hennessy, et ainsi M. Barthe, et ainsi les auteurs de la troisième d'entre les récentes propositions dont j'ai parlé : « La réforme s'impose », déclarent-ils. Et elle s'impose en effet.

On est surpris que ce soient maintenant les plus vieux pionniers du Régionalisme qui se prononcent avec le moins de conviction. L'habitude de tra-

vailler pour l'avenir les égare aujourd'hui au delà
des limites étroites et pressantes d'une époque où
tout se précipite, où les mois deviennent des années,
sous tous les rapports : politique, mortalité, argent,
mœurs. Si nos champions en sont encore à suivre
le cours du soleil, ils seront bientôt distancés par
les événements. Car il faut vivre et assurer la vie du
pays : c'est ce que nos gouvernements ne parviennent pas à entendre. Et c'est ce qui atténue
tous nos espoirs.

Or, l'évolution des idées est en rapport avec la
course du temps. L'idée régionaliste, entre autres,
deviendrait bientôt périmée si son évolution ne s'ac-
cordait pas avec les circonstances et les nécessités
immédiates. Hâtons-nous de reconnaître, d'ailleurs,
que cette évolution s'est normalement accomplie.
Il n'appartenait point aux hommes de retenir l'idée,
une fois lancée et promise au succès. Le tout était
de la suivre. S'il y a des écrivains, des économistes
et des juristes puissants qui l'ont suivie, il faut bien
reconnaître que quelques-uns se sont arrêtés en
chemin derrière ce drapeau, quoique dans son
sillage ; ils ne représenteront bientôt plus que
l'aspect historique de la question.

Gardons-nous d'une définition dont le temps con·
trarierait la précision. Mais ce serait le principal intérêt d'un essai tel que celui-ci, s'il pouvait contenir un
examen exact des positions actuelles du mouvement
régionaliste. L'actualité, c'est la guerre, — en fonction
de laquelle sera l'avenir. Ce seul point de vue peut
nous guider ici, et ce peut être aussi un point de départ.

Continuant, en quelque sorte, son grand ouvrage,
M. Charles-Brun fut lui-même amené, peu de
mois avant qu'éclatât le conflit de 1914, à considérer « quelques positions nouvelles du problème
régionaliste ». Il n'est point sans intérêt de feuille-
ter, en 1917, des pages que l'actualité immédiate
devait si tôt renier, mais dont le prix réel résiste et
dont la conclusion, une fois revisée par l'auteur,
étonnera ([1]). Il me semble que les événements justi-
fieraient aujourd'hui un travail de ce genre : il y en
a la matière, et quant à l'intérêt, il ne s'en conteste
point. M. Charles-Brun fera un jour ce nouvel examen. On pense bien que je ne m'en chargerai point.
Mais on me permettra peut-être de lui déblayer un
peu le terrain, et de lui offrir quelques matériaux :
l'actualité en est surchargée.

____

([1]) *Notre Pays* (1912-1913).

II

LA COMMUNE

D ÉTACHONS les lignes qui suivent d'un article de l'excellent économiste, M. Victor Cambon (¹) :

« Une personnalité en vue à Lyon me disait dernièrement : « Il est vraiment regrettable que les « villes n'aient pas en France la liberté et l'auto- « nomie dont jouissent les cités américaines. Si « nous avions, à Lyon, le droit de supprimer l'al- « cool, tout le monde — excepté les spécialistes — « serait d'accord pour le faire, vu que le maire en « est l'adversaire le plus résolu, et nous serions cer- « tains d'une enviable prospérité dans l'avenir ».

(¹) (Avril 1917). — Voir à ce sujet le passage déjà cité de Lysis, dans : *Vers la démocratie nouvelle*, p. 257.

M. Victor Cambon est de ceux qui savent quel
bénéfice l'Amérique a trouvé dans cette autre forme
du principe *liberté* : l'autonomie communale. Il
nous citait ainsi un exemple de ce que la centralisation ne permet point à l'initiative d'une grande
ville ; conséquence : c'est le pays tout entier qui
souffre. De la mesure que le Parlement hésite à
prendre — par prudence personnelle, ou même :
par prudence collective ! — certaines municipalités
se rendraient volontiers responsables : ni les
mêmes intérêts, ni les mêmes inconvénients ne se
présentent aux deux entités. L'une pourrait intervenir où l'autre s'y refuserait. Mais nos lois ne le
permettent pas. Les électeurs d'une grande ville se
figurent vainement qu'ils ont voté pour se donner
une municipalité capable de les diriger et de les
préserver : elle y est impuissante.

Or l'autonomie communale, si je ne me trompe,
c'est le premier point du programme de Nancy,
dont l'exposé remonte à 1865, et que les régionalistes ont toujours observé : « Les affaires de la
commune à la commune ».

Il est bien inutile d'expliquer ici en quoi consisterait l'application de ce sage précepte. On n'avait
peut-être pas attendu partout les guerres pour
en reconnaître la vertu. Mais il est à noter qu'un

grand progrès est désormais accompli en ce sens :
dans une France restaurée, la commune sera libre.

L'objection est d'ailleurs aussitôt soulevée. Dans un
livre inachevé mais plein d'aperçus serrés et de judi-
cieux documents (¹), le regretté Henry Cellerier re-
prend la thèse de M. Charles Maurras, justement à
propos de la *commune* : La République, dit-il en
substance, ne pouvait pas ne pas retirer un à un tous
les privilèges des communes et des corporations.
L'exemple de la Suisse et des États-Unis atteste
que l'œuvre de toute république démocratique est
nécessairement centralisatrice. — J'y insiste; car
voilà le point de vue nouveau, en dehors de toute
considération politique. »

Dans un chapitre très clairement construit, Henry
Cellerier expliquait d'abord l'erreur qui consiste à
assimiler trop facilement démocraties et démocraties : le sens du mot varie avec la chose elle-même.
Ainsi, en Suisse, les communes bourgeoises « sont
des *associations* aristocratiques au premier chef,
comme les anciennes républiques de la Grèce ».
De même, aux États-Unis, « les mœurs se font de
moins en moins démocratiques », et la constitution

____

(¹) *La Politique Fédéraliste*, par Henry Cellerier, disparu
le 27 septembre 1914. — Nouvelle Librairie Nationale, 1916.

elle-même n'a point le caractère démocratique qu'on lui suppose si volontiers ici. « En effet, l'égalité théorique des États, leur représentation égale au Sénat quelle que soit leur population respective », sont deux facteurs ignorés chez nous et dont on ne mesure pas exactement les effets. A l'appui de cette thèse (¹), Henry Cellerier invoquait d'ailleurs le témoignage d'un Français pour qui l'Amérique n'a point de secret, M. André Tardieu, qui écrivait en 1908, dans *Le Temps* : « Le Sénat (américain) réagit contre les *tendances centralisatrices* qui résultent nécessairement du développement de la politique américaine ». Tendances démocratiques et naturelles. Henri Cellerier concluait donc après avoir cité d'autres témoignages : « Ce mécanisme américain se développe dans le sens de la centralisation par tout ce qu'il comporte de proprement démocratique ».

De même, il constatait que, depuis un demi-siècle, la tendance centralisatrice de la Suisse n'a fait que s'accentuer. Il citait des exemples et invoquait encore quelques témoignages auxquels je renvoie : « Au résumé, conclut-il, nous voyons en Suisse et aux États-Unis deux éléments se combattre. D'une part un élément aristocratique qui atténue et qui ralentit l'autre, et plus cet élément est développé, moins l'autre a de prise. D'autre part, un élément démocratique et novateur qui pousse sans cesse à une centralisation plus profonde et plus étendue ».

Faut-il donc faire son deuil de l'autonomie communale, ou sacrifier la démocratie ? Henry Cellerier n'hésitait pas plus que Charles Maurras. Mais ce n'est pas la même conclusion que nous souhaitons. Et ces objections posées, ou plutôt : indiquées, il faut revenir au principe même de l'autonomie communale. On ne voit pas du tout pourquoi, sans accorder aux communes toutes les libertés que nous souhaitons, le Parlement ne commencerait pas un travail de revision sur ce sujet : il en est au moins un certain nombre qu'il ne refuserait pas.

On connaît l'objection courante : dans les grandes villes, les municipalités sont comme de petits parlements, il s'y trouve généralement un certain nombre d'hommes d'intelligence et d'expérience, parfaitement capables d'assurer sans contrôle la bonne administration de leur ville. Le Préfet est auprès d'eux un conseiller nécessaire, mais qui devrait se tenir à sa place et n'intervenir dans les affaires communales que s'il en était prié, ou si le bon ordre l'exigeait. — Mais dans les campagnes, objecte-t-on ? Est-on sûr de trouver toujours dans

une commune de quelques centaines, voire de quelques douzaines d'habitants, les deux ou trois
hommes intelligents et énergiques capables d'assurer la bonne administration de leur circonscription ?

C'est une objection, en effet : elle vaut d'être
pesée. Le suffrage universel ne découvre pas toujours, entre un petit nombre d'hommes, le plus
apte et le plus préparé à les administrer. On obser-
vera, toutefois, que si, dans la plupart des cas, les
villes sont administrées par des magistrats municipaux qui méritent cet honneur, alors qu'il n'en
est pas toujours ainsi dans les communes rurales,
c'est peut-être l'effet d'une loi du nombre avec
laquelle il est aisé de se mettre en harmonie. Nous
avons en France quantité de communes destinées à
disparaître : on en compte de cinquante ou cent
habitants ; ce sont chiffres dérisoires. Il y aurait
tout intérêt à reviser la carte des communes et à
élargir leurs cadres. La substitution du canton aux
communes serait même, en certains cas, la meilleure
solution, et la plus simple aussi. Nous aurions
alors des communes rurales d'une certaine étendue :
il s'y trouverait un plus grand concours de bonnes
volontés que dans une agglomération de quelques
âmes ; les administrés y gagneraient.

Une telle réforme n'entraînerait, bien entendu, la suppression d'aucun des rouages administratifs ou privés jugés nécessaire à la prospérité des anciennes communes ou à son bon ordre : écoles, postes, églises, etc... On ne connaîtrait plus alors aucune objection à l'octroi de certaines libertés communales.

D'ailleurs il convient de noter ici que le parlement lui-même cherche à nous donner satisfaction sur ce point.

Le 25 septembre 1917, le Sénat a adopté une proposition de loi, acceptée déjà par la Chambre, tendant à modifier la loi du 22 mars 1890 sur les *syndicats des communes.*

M. Martinet, rapporteur, justifiait cette proposition par les motifs suivants :

1° Difficulté, pour les communes isolées, de satisfaire aux charges trop lourdes dont seront grevés leurs budgets : dépenses sociales ou administratives occasionnées par la guerre, dépenses d'après-guerre pour les œuvres d'assistance et de solidarité, le relèvement économique, etc...

2° Lenteur de la procédure établie par la loi de 1890, qui est « difficile à mettre en mouvement » parce qu' « elle fait appel à un ensemble de rouages qui, partant des communes, vont jusqu'au Conseil d'Etat et qui, le plus souvent, ne concordent pas entre eux ».

3° Nécessité de solutions rapides, à cause de la situation exceptionnellement pressante où se trouvent les communes, — rapidité qui ne peut être obtenue que par une modification de la loi de 1890.

4° Constatation qu'un tel changement n'a rien d'anormal ou « d'inusité », puisqu'il se trouve dans la tradition de la légation par les lois de 1837, 1884 et 1890, toujours dans le sens d'un élargissement du pouvoir municipal.

Je me bornerai à reproduire à ce sujet les déclarations dont un bon écrivain régionaliste, M. Ernest Pezet commentait peu après le vote de la loi ([1]), en l'interprétant selon notre point de vue. Il convient de souligner particulièrement l'importance de la disposition suivante :

« Des communes *appartenant à des départements limitrophes* peuvent, *par un décret rendu en Conseil d'État*, être admises, du consentement des communes associées, à faire partie du syndicat. »

« Ainsi, concluait M. Pezet, il y aurait, non seulement des syndicats de communes appartenant au

______

([1]) *L'Ame Française*, — 11 nov. 1917 et *l'Information*, — 29 déc. 1917.

même département, mais encore des *syndicats « in-terdépartementaux »* de communes. Au regard du régionalisme administratif, il y a là une reconnais-sance implicite par le législateur de ce fait, méconnu par notre administration, *que les intérêts écono-miques débordent le cadre du département.* C'est là comme une première rupture de la frontière factice, parce qu'arbitrairement établie, du département. »

Mais si grande que puisse être à ce point de vue la réforme réalisée, elle ne saurait pleinement nous donner satisfaction. Il faut une loi nouvelle.

Il faut une loi aussi pour mettre fin au mal que font subir la centralisation et en particulier la loi de 1884 aux villes et aux régions maritimes.

« Nos ports, disait un député socialiste, à la tri-bune de la Chambre, ne peuvent plus soutenir la concurrence contre les ports libres de l'étranger ; *avec la centralisation, nous sommes arrivés à mettre notre pays hors de proportion et hors de lutte avec les pays qui l'environnent.* » Tel est le danger. La Fédération Régionaliste Française a souvent mis les pouvoirs publics en garde contre les désas-treuses conséquences de la loi de 1884. Or, en 1912, une loi intervenait, en faveur des ports, suivie en 1916 seulement de sa réglementation, mais qui n'a jamais pu être appliquée, et dont les techniciens durent aussitôt demander la revision. Ils la demandent encore. La commission législative de la marine marchande se déclare favorable à cette revision. Et nul ne s'en inquiète plus. Pendant ce temps nos ports se meurent.

On citerait quantité d'exemples de cette nature : tous plaident pour plus de libertés.

Les partisans de la théorie monarchiste se mettent sur ce point d'accord avec les socialistes pour reconnaître que, sous Louis XVI, nos communes jouissaient de plus grandes libertés que de nos jours. C'est donc ici la République qui a fait œuvre réactionnaire : elle a centralisé.

Quant à la franchise des ports, elle donnerait satisfaction aux revendications les plus diverses et elle aplanirait certaines difficultés de réalisations régionalistes. C'est un fait que nos grands ports manifestent un impérialisme vraiment désastreux, puisqu'il risque de compromettre l'unité régionale, — et partant l'unité nationale. On verra plus loin à propos d'un projet dû à l'initiative de la Chambre de Commerce de Marseille quelles protestations ont soulevées les ambitions de cette ville, prête à étendre sa maîtrise à toute la Provence. Ce qui n'eut fait aucune difficulté si Marseille n'était pas une très grande ville devient en effet impossible le jour où de telles ambitions émanent d'un grand port, capable à lui seul d'engloutir à son profit toutes les ressources d'une région et d'absorber tout son trafic. C'est un réel danger pour la région, qui s'en rend compte, et les protestations se multiplient aussitôt.

On verra, plus loin — chapitres IX et X — comment Nice, consciente du danger qui la menaçait, incapable d'entrer en rivalité avec Marseille, a préféré choisir Grenoble pour centre de région, malgré les difficultés de communications (¹).

Ainsi nulle question n'est plus délicate. Ailleurs, ce sont les Bretons qui protestent contre leur rattachement à Nantes. Et tout plaide en faveur d'un statut spécial pour les grands ports. Statut fort simple, puisqu'il consiste en une autonomie d'autant plus favorable au trafic de chacun qu'elle sera plus largement accordée. Les Chambres de Commerce ne sont-elles pas déjà maîtresses de l'outillage, dans les grands ports? — Il est vrai qu'elles n'en font pas toujours l'usage le meilleur. Marseille, Bordeaux, La Rochelle, Nantes, Le Havre, Paris et

---

(¹) On ne cesse point de citer comme un argument valeureux l'exemple de l'Allemagne, et du Port Franc de Hambourg.

Lyon formeraient à eux seuls autant de régions libres, autant de ports francs. La grande ville ne risquerait plus de l'emporter à tout moment sur la province environnante, puisque les intérêts n'entreraient plus en concurrence.

J'indique seulement la position d'un tel problème : il faudrait pour l'exposer clairement des pages et des pages. Qu'il me suffise de rappeler qu'au Congrès de 1917, la Fédération Régionaliste Française, au cours d'une séance présidée par M. J. Charles-Roux, émettait encore une fois le vœu que « la législation de 1912 sur l'autonomie des ports soit *immédiatement* revisée dans un sens libéral et pratique ». La Ligne Maritime Française a également soutenu plusieurs fois ce vœu.

III

CANTON OU ARRONDISSEMENT ?

LA proposition de loi de M. Hennessy ne
manque point de faire état de ces anomalies.
La solution proposée par le député de la Charente
est assez voisine de la nôtre. Mais il ne paraît pas
disposé à accroître les pouvoirs d'une assemblée
cantonale : entre la commune qu'il agrandit et l'arrondissement qu'il renforce, le législateur ne croit
pas à l'opportunité d'un échelon intermédiaire.
Toutefois c'est une question délicate. Quantité de
rouages administratifs installent leurs bases au chef-
lieu de canton : justice de paix, perception, ponts
et chaussée, etc... Et on s'accorde à reconnaître
qu'une justice de paix cantonale, c'est parfois beau-

coup trop. Je tiens d'un juge de paix qu'il n'a pas, dans son canton, une moyenne de quatre heures de travail par semaine. Si chichement que ces petits fonctionnaires soient entretenus, on avouera que quelques-uns pourraient parfaitement se trouver supprimés. On ne voit pas bien la nécessité d'une justice de paix par canton : c'est une économie dont nous nous accommoderions fort bien. Mais en revanche, on compromettrait fort les intérêts de certaines régions si l'on supprimait complètement ce rouage initial de notre administration judiciaire ou si on le transférait au chef-lieu d'arrondissement.

M. Hennessy écrit :

« Il y a certes trop de communes en France. Entre ces communes cependant, comme entre les départements, les communications sont devenues plus aisées et les relations plus fréquentes : un mouvement général pousse vers la plus grande commune, et il semble très préjudiciable à l'intérêt du pays de conserver un aussi grand nombre de communes que leur faible population, leur exiguïté, leur manque de ressources rendent difficiles à administrer.

» Il faut, en conséquence, que les gouvernants, que les législateurs encouragent par des conseils ou

des lois la fusion de deux ou trois, voire même
de plusieurs communes entre elles, ou que celles-
ci soient incitées à profiter plus largement des fa-
cilités accordées par la loi relative aux syndicats de
communes. Mais est-il nécessaire pour cela d'organiser une assemblée cantonale, de lui donner des
pouvoirs administratifs ? »

C'est exactement ce que nous préconisons. Mais
pourquoi ne pas réorganiser suivant les mêmes
bases la distribution des cantons ? Et pourquoi ne
pas confier à des assemblées cantonales, ou assemblées intercommunales, composées des maires et
des délégués de chaque conseil municipal, la gestion
des affaires cantonales ? Certes, le canton est bien
petit pour discuter des intérêts trop généraux ; mais
d'abord il serait agrandi ; ensuite il ne s'agit pas
de lui confier la discussion d'intérêts généraux. Il y
a souvent des intérêts communs à plusieurs communes, et il y aurait tout intérêt à simplifier encore
la procédure actuelle en confiant à ces communes
le soin de s'entendre entre elles. L'arrondissement
n'a rien à y voir, et en cas de conflit l'intervention
du conseil général ou assemblée régionale serait
tout indiquée.

C'est-à-dire que nous penchons plutôt vers une
réorganisation des cantons, élargis, renforcés,

groupant des communes plus étendues également et plus peuplées, selon la communauté de leurs intérêts économiques ; l'intermédiaire de l'arrondissement devient ainsi à peu près superflu. Les intérêts communs à plusieurs cantons peuvent être confiés à l'assemblée et à l'administration régionale.

Ce n'est pas ce que propose M. Hennessy. Mais on ne voit pas bien ce qui a fait pencher le législateur en faveur de l'arrondissement plutôt que du canton, si ce n'est qu'ayant renforcé et élargi la commune, il n'a pas cru devoir renforcer et élargir le canton dans les mêmes proportions et qu'il jugeait alors cet intermédiaire trop rapproché des communes. Car il est bien évident que l'une des deux circonscriptions : canton et arrondissement, doit disparaître. Notre choix est fait. On a tout intérêt à ne pas éloigner trop l'administré de l'administrateur. Le chemin de fer n'est pas partout installé, grâce aux Dieux ! Il faut tenir compte des distances : le cultivateur qui sacrifie une demi-journée pour se rendre au chef-lieu de canton hésitera à sacrifier une journée entière pour se rendre au chef-lieu d'arrondissement. Et d'ailleurs il est bien inutile de l'inviter à une perte de temps si facilement évitable.

IV

LA RÉGION

LE second point du programme de Nancy était
ainsi conçu : « Les affaires de la région à la
région ». Il a rallié, je crois, tous les suffrages. Si l'on
peut discuter sur l'autonomie communale et sur la
suppression de l'arrondissement, on ne discute pas
l'opportunité de la substitution de la région au département. Mais on discute, en revanche, sur la
formation de la région. Et c'est évidemment un
point sur lequel l'accord est difficile à établir.

M. Jean Hennessy propose nettement l'*autonomie
régionale* : conséquence logique d'une autonomie
communale même relative et condition d'une
organisation vraie. Le grand organisme de la région

nouvelle sera l'assemblée régionale : conseil général régional, aux pouvoirs plus étendus que ceux des assemblées départementales, devant lequel le Préfet régional, ou gouverneur, représentera le gouvernement. Mais il passera à l'assemblée un grand nombre de ses prérogatives, et il serait même à souhaiter qu'il ne fût pas nommé sans le consentement de l'assemblée régionale.

Préfet ou gouverneur, ai-je dit. Le nom de gouverneur risque d'effrayer bien des opinions. On a vu se produire de même une opposition systématique à l'égard de la *région*. Pourquoi changer les dénominations? C'est une révolution bien inutile de certaines habitudes, et c'est donner à une réforme qui n'en a nullement l'esprit un caractère que certains sont trop volontiers portés à taxer de *réactionnaire*. J'inclinerai pour ma part à faire cette concession à l'opinion publique. De sorte qu'il ne s'agit plus de créer des régions : mais de reviser la carte des départements afin d'élargir ces unités administratives dont le procès a été fait cent fois, parce qu'elles ne correspondent plus aux exigences de la vie moderne. Il ne s'agit pas davantage d'étendre les pouvoirs du représentant du gouvernement, ni d'en faire un dictateur régional, puisque c'est tout le contraire. Si le Préfet est appelé à administrer une circonscription plus étendue, c'est avec de moindres prérogatives. Son rôle sera de simple police et de contrôle. On ne se rend point assez compte de la superstition qui s'attache aux mots anciens ou nouveaux, hostiles à nos habitudes.

Comment formerons-nous les nouveaux déparments? Voilà une bien délicate question. Le tableau des sept solutions envisagées a été plusieurs fois dressé. Nous éclairerons ce texte un peu confus, nécessairement, en le reproduisant :

Le tableau suivant résume ces combinaisons diverses :

1° Région. Département. Arrondissement. Canton organisé. Commune.

2° Région. Département. Arrondissement. Commune autonome.

3° Région. Département. Canton organisé. Commune.

4° Région. Arrondissement. Canton organisé. Commune.

5° Région. Département. Commune autonome.

6° Région. Canton organisé. Commune autonome.

7ᵃ Région. Arrondissement. ~~Canton organisé.~~ Commune autonome.

Ce qui précède indique que c'est à la sixième des sept solutions proposées que nous nous arrêtons. La suppression de l'arrondissement n'impose pas fatalement la suppression des sous-préfets.

Dans de grandes régions, ou départements, il se peut qu'un Préfet ait besoin du concours d'un sous-ordre : par exemple dans une grande ville, ou dans un centre éloigné du chef-lieu. On ne saurait s'y montrer résolument opposé, si comme nous l'entendons le rôle de ce fonctionnaire se limite à une délégation des pouvoirs préfectoraux pour une partie du département.

Nous répartissons donc entre nos nouveaux cantons et nos nouveaux chefs-lieux de départements les échelons divers des administrations arrondissementales. C'est-à-dire que nous supprimons la plupart : économie d'argent et de temps. Mais lorsque l'importance d'une cité l'exigera, il va de soi qu'il faudra lui laisser les organes dont elle a besoin : tribunal, par exemple. Ce qui doit être combattu en tout cas, c'est ce principe absurde de l'uniformité : coûteux et ridicule ; nous n'avons pas besoin de dépenses inutiles.

Ce principe qui nous a valu jusqu'ici le même nombre de fonctionnaires, les mêmes rouages onéreux, les mêmes routines pour les plus petits et les plus grands ou les plus peuplés de nos départements, ce principe qui ne tient compte ni de l'étendue du territoire, ni de sa richesse, ni de la densité de sa population, aura vécu dans une France aménagée suivant les lois de la raison et suivant des notions plus en rapport avec notre époque.

Mais, cela posé, comment formerons-nous la région? — C'est la question la plus délicate qui soit. Car il s'agit, n'est-ce pas, de former des circonscriptions homogènes au triple point de vue économique, géographique et intellectuel en groupant autant que possible des territoires soumis aux mêmes intérêts, des hommes de la même langue et de la même race ; ces groupements devront être sensiblement égaux en forces et en richesses sous les rapports de la densité et de la superficie. Les difficultés, on le voit, sont de nature à effrayer les plus décidés. Comment les résoudre ?

La combinaison qui consiste à grouper entre eux, par trois, quatre ou cinq les départements actuels est condamnée *a priori* par le souci de faire des régions géographiquement homogènes. Le cadre d'aucun des départements actuels ne peut être conservé si l'on tient à respecter cette condition, — pour nous primordiale. M. Hennessy, pour sa part, a résolu la difficulté en adoptant le travail précédemment fait par M. Vidal de la Blache. Celui-ci est en effet l'auteur d'une division de la France en régions naturelles : à vrai dire, une constatation géographique, et purement géographique, où les intérêts économiques n'entrent pas en ligne de compte.

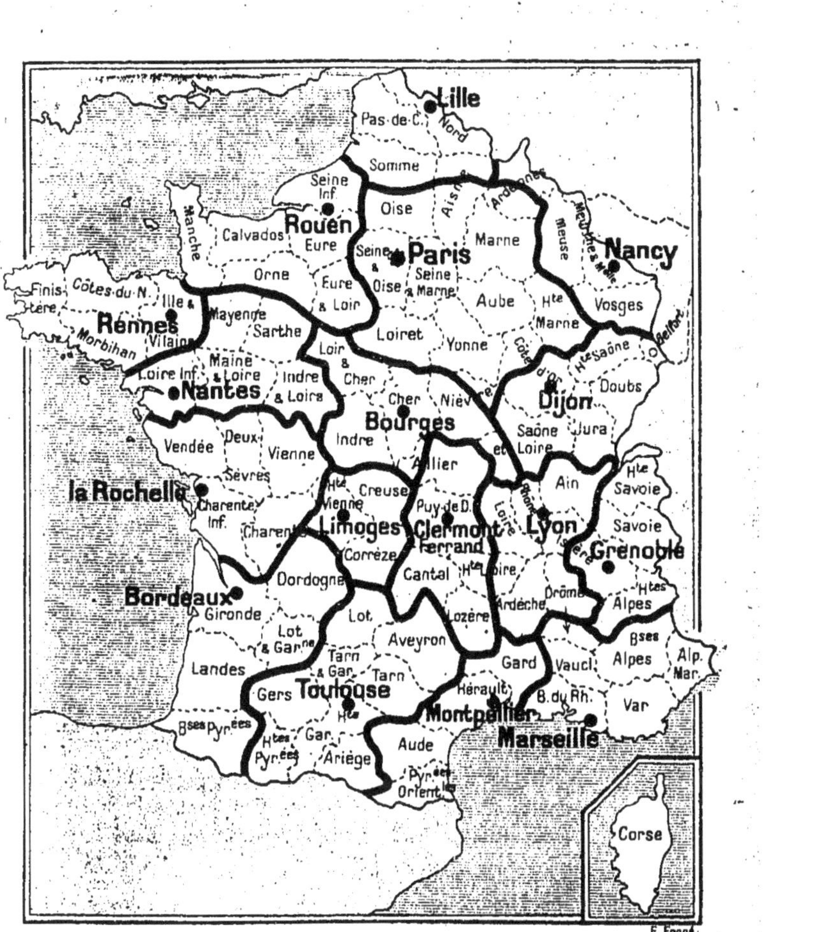

CARTE PROPOSÉE PAR M. VIDAL DE LA BLACHE EN 1910.

Cette carte a été adoptée par M. Jean Hennessy, à l'appui de la proposition de loi qu'il a déposée le 29 avril 1915. La France y est divisée en 17 régions.

« Comment délimiter la région », c'est la question que s'est également posée un écrivain de haute valeur, M. Robert de Souza, dans un travail d'une belle tenue. Il s'est posé le problème en ces termes : Qu'est-ce qui peut demeurer de la région d'avant le machinisme, d'abord au point de vue géographique, — ensuite au point de vue historique? — Que doit être la région avec le machinisme, au point de vue économique, puis au point de vue administratif? J'indique ce travail, parce qu'il a conduit M. Robert de Souza à examiner une solution proposée par quelques régionalistes, et qui n'a pas encore été très étudiée ([1]). Elle consisterait à créer des régions différentes pour chaque point de vue : économique, agricole, administratif, militaire, judiciaire, universitaire, intellectuel, touristique etc..., etc... Somme toute, quelque chose de semblable à ce qui existe en ce moment, où les circonscriptions administratives, judiciaires, universitaires, militaires, forestières, — voire religieuses — se chevauchent inextricablement. C'est ce que M. de Souza appelle, si je le comprends bien, l'entrecroisement des régions. Et il entrevoit avec beaucoup plus de pré-

---

([1]) Cf. *L'Economiste du Littoral* du 29 mars au 9 août 1917, Nice.

cision que je ne le puis « une fédération de régions entrecroisées ». Il cite des exemples.

Bien qu'elle soit très savamment soutenue par des régionalistes de la plus vieille souche — M. Louis Marin, par exemple — j'avoue mon peu d'enthousiasme pour cette thèse nouvelle. Quelles complications ! Comme il serait harmonieux, au contraire, et simple, et économique de pouvoir confondre en une seule toutes les régions qui superposent actuellement leurs limites et font de notre machine administrative quelque chose de plus redoutable, assurément, que le je ne sais quoi auquel on a donné le nom de casse-tête chinois !

Les divisions proposées coïncident généralement à de nombreux égards. Un peu de bonne volonté, le désir de la conciliation suffiraient à éliminer une difficulté de cet ordre. Et j'aime à croire qu'il n'est rien de plus réalisable.

$$\textit{\text{⚜⚜⚜⚜⚜⚜⚜⚜⚜⚜⚜⚜⚜⚜⚜⚜⚜⚜⚜⚜}}$$

V

LA CELLULE RÉGIONALE

JE ferai grâce au lecteur de l'examen des différentes combinaisons proposées par les auteurs de projets de division, pour signaler l'intérêt qu'offre le système préconisé au Congrès de la Fédération Régionaliste Française, — où l'on a émis le vœu « qu'un cartographe soit chargé d'établir la carte des *pays* qui serviront de base à la constitution des régions ». Et c'est l'application d'une théorie soutenue il y a longtemps déjà par un géographe éminent, le regretté Pierre Foncin, dont M. P. du Maroussem, rapporteur au Congrès de la Fédération Régionaliste Française tenu en 1917, évoquait les travaux lorsqu'il écrivait :

« Ces régions, Pierre Foncin les énumérait
dès 1897 : 12 dans le bassin de Paris, 11 dans
l'Ouest et au Sud, 9 dans l'Est, en tout 31 (sans
parler de l'Alsace) ; il les voyait vivre ; « chacune
de ces trente-et-une régions comprendrait, suivant
les cas, deux, trois ou quatre des départements
actuels et serait divisée directement en une douzaine
de « pays ». Ce système procurerait une notable
économie par la suppression de 55 préfectures sur
les 86 — ce sont les préfets qui seraient supprimés
et non plus les sous-préfets ! — Il mettrait l'administration civile de la France en harmonie avec les
inventions modernes : chemins de fer, tramways,
vélocipèdes, télégraphes et téléphones, qui ont
rendu si faciles, si rapides et si économiques les
relations d'un lieu à un autre. Il ne reconstituerait
pas les anciennes provinces qui étaient trop iné-
gales ; mais en groupant les petites, en fraction-
nant les plus vastes, en conservant les autres à peu
près intactes, il créerait des régions naturelles
capables comme les « pays » d'une vie spontanée
et personnelle. Chacune de ces régions varierait de
800.000 à 1.800.000 âmes (sauf Paris), ce qui
exclut la possibilité d'un démembrement de la
France, toutes nos villes de plus de 50.000 habitants seraient les capitales de nos 31 régions ».

« Ce chiffre de 31 (32 avec l'Alsace) doit, en finissant, retenir notre attention. Les Généralités de l'ancien régime suivant le tableau annexé au dernier budget de Necker étaient aussi au nombre de 32. Malgré la sévérité de Foncin à leur égard, nous croyons que les *régions naturelles* de la France s'en rapprocheront d'une manière sensible. Les Généralités étaient des divisions économiques (production et impôts) tirées depuis le xive siècle des évêchés, qui eux-mêmes sortaient des *pagi majores* ou groupements de pays. Peu importe d'ailleurs : 32 intendants, 32 préfets ; le grand Cardinal n'en demandait pas davantage pour gouverner la France ; et quand il s'agit de corriger les circonscriptions du Premier Consul, il n'est pas mauvais d'avoir pour soi le génie divinatoire de Richelieu. »

J'avoue que le chiffre de 32 m'apparaît être un maximum élevé. Il est à croire qu'il pourrait être aisément réduit de six ou sept unités. Mais c'est le procédé préconisé par Foncin, et repris par M. du Maroussem, procédé scientifique et proprement géographique, qui me paraît devoir être encouragé.

Le travail de Foncin est de 1898. Historien de notre géographie nationale — la géographie a son histoire, comme l'histoire a sa géographie, —

Foncin nous rappelait que les *cités* gauloises étaient
elles-mêmes divisées en *pays* (« pagi minores »,
les « pagi majores » n'étant autres que les *cités*
elles-mêmes). Ces pays « correspondaient aux
3oo peuplades, tandis que les cités représentaient
des collectivités plus importantes ». Le *pays* est
donc, par excellence, la *cellule* ethnique. Et il a sur-
vécu jusqu'à nos jours ; ou du moins est-il facile à
retrouver. Et c'est, écrivait Foncin, « la petite
région qui groupe les villages autour d'un premier
centre et qui crée ainsi des organismes locaux dans
l'organisme régional. C'est la petite patrie. C'est le
pays... Ces pays survivent à tout... Ils se perpé-
tuent, connus et respectés de tous. Ils ne sont le
siège d'aucune autorité, ils ne sont investis d'aucune fonction administrative, et, par cela seul
qu'ils existaient dès l'origine, ils durent toujours ».
Ce sont les divisions les plus nettes et les plus
naturelles de la France. Si nous les ignorons, elles
ont des noms que nous connaissons bien : les
noms de nos pays : ni noms de villes, ni noms de
villages, ni noms de régions bien définies, ce sont
les noms des pays, les noms de chez nous !

Or, ces noms correspondent à des réalités terri-
toriales qu'il serait aisé de préciser. On en compte
environ de trois cents à trois cent cinquante. Ils

offrent ainsi une base précieuse et scientifique, puisque naturelle, une « cellule », aux travaux des géographes qui tenteront définitivement la division de la France en régions.

Il semble que la Fédération Régionaliste se soit d'ailleurs prononcée pour cette tendance, puisque, au Congrès de 1917, nous y énoncions les vœux suivants :

« Que soit préparée activement, en vue d'une réalisation aussi rapprochée que possible, la création et l'organisation de régions, fondées sur le groupement des pays, en vue de l'obtention de leur indépendance morale et administrative. »

Ainsi, vingt ans après Foncin, nous avons pris position.

Les pays seront groupés selon leurs affinités, leurs caractères ethniques et géographiques, suivant leurs intérêts économiques. Leurs limites géographiques ne figureront point sur la carte définitive. Mais la région sera faite de leur ensemble : elle sera ainsi formée non pas sur des bases arbitraires, mais sur les réalités des pays, cellules régionales.

VI

COMBIEN DE RÉGIONS ?

LES études différentes auxquelles se sont livrés les régionalistes qui se sont réellement occupés de la question comportent cette conclusion : le nombre des régions, ou départements, dans une France nouvelle, variera de 20 à 3o, environ. Détail ! Le projet du ministre du Commerce, en 1917, comportait 19 départements. Et la proposition déposée le 24 octobre 1916 par MM. Rognon, Lebey, Briquet, Moutet, Nadi, Berthon et Drivet réclame 34 régions ! Dans son ouvrage *La Nouvelle Cité de France*, M. Henri Mazel ne propose que 7 régions, mais 23 sous-régions. Il faudra se mettre d'accord, à moins qu'un fonctionnaire anonyme ne prenne auparavant sur lui de décider.

VII

CE que l'État encourage languit, ce qu'il protège meurt » ! Exact sous la plume de Courier, cet aphorisme n'a pas cessé de le devenir davantage au cours de la troisième République. Les plus résolus parmi les régionalistes redoutent avec effroi l'ingérance de l'État dans leurs affaires. L'État risque de tout compromettre. C'est pourquoi il serait désirable d'arriver à nos fins sans le concours de l'État, ni des Pouvoirs.

Mais est-ce possible ? — M. Charles-Brun, dans la familiarité charmante de ses conversations, ne laisse pas de désorienter complètement ses amis quand il leur déclare que, pour lui, le Régionalisme

comporte une échéance encore lointaine : cinquante
ans, peut-être ! — Mais M. Charles-Brun exagère !
Il a parfaitement raison d'insister sur ce point
qu'une réforme sérieuse né peut être décidée du
jour au lendemain, au cours d'une séance ou de plusieurs. Trop de problèmes graves, compliqués,
soulevant des intérêts particuliers parfois considérables, sont à envisager pour qu'il soit possible
d'évaluer le temps nécessaire encore à la préparation de la réforme. Mais M. Charles-Brun est peut-
être celui qui y travaille avec le plus d'acharne-
ment : il est celui qui abrège le plus ce délai trop
long qui nous sépare encore du moment des réalisations.

Quoi qu'il en soit, nous sommes à une période où
plus que jamais le remède à apporter à nos vices
constitutionnels est nécessaire. On l'appelle de
toutes parts. Il est urgent d'aviser coûte que coûte ;
il faut tenter un effort, considérable, d'aménagement, d'amélioration. Ou bien c'est le pays qui
mourra.

Ainsi nous nous trouvons dans une alternative
cruelle ! La réforme est urgente, immédiatement
indispensable... Elle n'est pas prête ! Des années
sont nécessaires encore à sa préparation, peut-être.
La position est délicate, on l'avouera. Et c'est alors

qu'on nous propose des réformes partielles, tendant
à la simplification des rouages administratifs, —
non à leur rénovation — c'est alors qu'on groupe
les départements, en hâte et sans ordre, pour la
solution de questions économiques. On réclame la
suppression de certains services. C'est le commencement d'une ère de petites réformes intérieures,
toutes salutaires, on le prévoit, mais dont il faut
bien prévenir qu'aucune ne donnera son plein effet,
tant que la réforme tout entière, la seule, la grande,
ne sera pas réalisée.

Qu'on ne se hâte donc point d'en conclure à l'in-
firmité de nos doctrines. Si nous avons inspiré des
réformes partielles, nous n'en avons préconisé aucune. Car nous savons qu'aucune ne sera efficace, en
dehors du système et de son application intégrale.

Toute une série de vœux tendant à des réformes
partielles ont été émis par le Congrès Régionaliste
de 1917 ; ils avaient pour objet de concrétiser nos
tendances et nous ne les envisagions que comme
des expériences. Par exemple, nous demandions :

Que, sans plus tarder, soient constitués de grands
syndicats régionaux d'initiative qui, autour des
quinze villes principales de France, susciteront la
prospection du sous-sol et la généralisation des
secteurs électriques ;

Que ces syndicats obtiennent, s'il est possible,
l'approbation des Conseils généraux, en s'appuyant
sur l'article 89 de la loi de 1871, et constituent
ainsi des unions interdépartementales, complètement différentes des circonscriptions de corps
d'armée qui ne sauraient servir de base à une véritable organisation régionaliste ;

Que la législation de 1912 sur l'autonomie des
ports soit immédiatement revisée dans un sens libéral
et pratique ; etc...

Vœux particuliers, en effet, mais nécessaires à la
précision de nos revendications générales. Il faut
bien s'expliquer. Et voila des exemples attestant
en même temps avec quelle minutie la réforme
est étudiée.

Et quant à nous, nous dirons, pour reprendre
l'expression à laquelle M. Edouard Herriot assura
la fortune, que « la quatrième République », la République de la Paix, la République organisée, sera
régionaliste, ou bien ne sera pas !

VIII

LE POINT DE VUE ÉCONOMIQUE

Une voix s'élève du pays de Mistral (¹) :
« Nous devons, les vieux régionalistes, faire un
sérieux *mea culpa*. Trop longtemps attardés par de
séduisantes mais vagues formules, combien d'entre
nous se bornaient à n'envisager le groupement d'un

(¹) M. Aug. Giry, *Les Intérêts Économiques du Sud-Ouest*
8 juillet 1917.

L'auteur en a d'ailleurs fait déjà la réflexion dans un
article paru dans l'*Éclair* du 13 août 1917. Et je dois reproduire à ce sujet l'obligeante réponse à mon article publiée
par M. Giry, dans *Les Intérêts Économiques* du 2 septembre
1917 sous le titre de *Régionalisme pratique* :

« Comme m'en accuse dans l'*Éclair* M. F. Jean-Desthieux,
j'ai été — et je reste — quelque peu félibre, avec bien

certain nombre de départements que comme un remède politique et administratif à l'état de congestion centralisatrice dont souffre le pays? A ce double point de vue seulement on épiloguait ; on supputait, avec plus de conviction que d'espoir, les résultats qu'on était en droit d'attendre du succès de

d'autres ; mais l'amour du verbe mistralien et notre goût des reconstitutions régionales n'oblitèrent jamais chez les disciples du Maître de Maillane le sens des nécessités modernes. Lorsque J. Charles-Roux, Charles-Brun et Paul-Boncour, en des pages inoubliées, préconisaient le groupement des forces économiques régionales, nous faisions des vœux ardents pour la réalisation de ces désirs communs. Tout cela cependant, notre confrère parisien voudra bien me l'accorder, ne sortait guère du domaine de la rhétorique. Il fallait que, dégagé des platoniques aspirations, le rêve devint enfin réalité. D'avoir décidé la première de mettre l'*idée* en *affaire*, la Chambre de commerce de Marseille atteint, par un bel acte de volonté, la prochaine et meilleure solution du problème. Tous les régionalistes, qu'ils soient vieux ou jeunes, intellectuels ou industriels, lui en savent le même gré, et, sur ce point, le seul aujourd'hui intéressant — M. Jean-Desthieux ne me démentira pas — l'accord entre nous est complet. »

Or, me voici dans l'obligation, en réponse à cette déférente protestation, de marquer au contraire en quoi M. Giry et moi ne nous entendons point. Car je pense avoir assez montré ici le côté social, économique et politique du Félibrige, que n'avait pas méconnu le « Maître de Maillane ». M. Giry a parfaitement raison de rester un félibre. M. Giry a tort de se refuser à reconnaître le côté pratique et politique du Félibrige.

cette conception restreinte. De plus récentes initiatives ne paraissaient pas l'avoir beaucoup élargi.

« Et voici qu'une heureuse intervention vient éclai-
rer la question d'un jour nouveau, lui assigner un
rôle de premier plan dans les préoccupations
actuelles, en revendiquant pour le Régionalisme le
droit et le pouvoir de développer, *en dehors de
toute procédure administrative*, les ressources et la
richesse du pays. La Région, considérée comme
unité d'exploitation, organisée économiquement en
vue de l'accroissement de sa prospérité, est ainsi
appelée à devenir pour les producteurs agricoles,
industriels et commerciaux, un débouché immédiat,
pour les consommateurs un moyen de se procurer,
dans les conditions les plus avantageuses de temps
et de prix, tout ce qu'elle peut leur offrir. Cela,
grâce à un mécanisme fort simple sans doute, mais
auquel les « apôtres » ne semblaient pas avoir
songé jusqu'ici ».

Quel mécanisme ? qui écrit cela ? — Ce *vieux
régionaliste* n'exagère-t-il pas un tantet, qui découvre
aujourd'hui (juillet 1917) le côté économique et
industriel du problème régionaliste? — C'est un
travail de M. Brenier, présenté par le Président de
la Chambre de Commerce de Marseille, l'éminent
M. Artaud, qui inspire tant d'admiration à l'auteur

de ces lignes. Et il en détache le principe initial :
*Le problème de la question du Régionalisme doit
se résoudre en une solution productionniste.* Au
point de vue économique, industriel, avait-il donc
jamais été autrement envisagé ? Depuis que nous
avons reconnu la portée sociale et politique du
mouvement régionaliste, de ce mouvement auquel
des poètes ont donné naissance, avons-nous jamais
méconnu l'importance économique de la question ? — Que signifie donc cette découverte, et pour
quoi ce néo-régionaliste condamne-t-il avec lui
tous ceux dont il a écouté les avis, un peu trop
tard ? Il est indiscutable que M. Giry, qui signe ces
lignes, s'est trompé de bonne foi. Il se trompe
lorsqu'il parle de grouper les départements. Et il
persiste à se tromper quand il parle de « séduisantes mais vagues formules ». Vraiment, nous
ne comprenons point à quoi il fait allusion. Pro-
bablement à ses propres préjugés.

Toujours est-il que le précepte énoncé par
M. Artaud revêt, de cette autorité, une importance
capitale. Le Président de la Chambre de commerce
de Marseille adhère au Régionalisme et lui annonce
l'adhésion de la Provence industrielle tout entière
en l'an 1917 !

Il n'oublie point que M. J. Charles-Roux l'y

avait précédé depuis longtemps. Mais sans doute le Président du Syndicat des Amateurs de France est-il considéré comme un rêveur par M. Giry : séduisante et vague formule ! Il n'y a que la *solution productionniste* qui mérite d'être envisagée.

C'est aller loin. Le grand livre de M. Charles-Brun est de 1911. Tout un chapitre en est consacré au Régionalisme économique et social. Et l'on y trouve d'utiles références. Le livre de M. Paul-Boncour : *Le Fédéralisme Économique*, est de 1900. Le régionalisme économique figurait en tête du programme de l'Union des Régionalistes du Midi. dont M. Giry n'ignore sans doute pas l'existence. L'Union Régionaliste Bretonne qui a près de dix ans d'âge a une section économique. M. Charles-Brun cite également cette affirmation de M. Giraut, antérieure à 1901 : « La renaissance totale des régions ne se fera que par leur renaissance économique ». Le livre de M. Méline : *Le Retour à la terre et la surproduction industrielle*, est de 1906. Au Congrès de 1902, la Fédération Régionaliste Française s'occupait très sérieusement de la question de la houille blanche. Et je ne parlerai pas de la question connue de la navigabilité de la Loire, dont les régionalistes ont été des premiers à s'occuper. La Fédération Régionaliste a souvent

eu recours aux avis des différentes Chambres de
commerce. M. Lecarpentier a traité savamment
dans l'*Action Régionaliste* (1907-1908) la grave
question de l'autonomie des ports, **reprise au Con-**
grès de 1917. Et rappellerons-nous les études de la
Fédération relatives aux problèmes de l'apprentissage ? Les questions financières n'ont pas été
négligées non plus.

Où diable prend-on que « les vieux régionalistes »
se soient attardés en de séduisantes mais vaines
formules » ? Et pourquoi feraient-ils « un sérieux
mea culpa » ? Il est plus important qu'on ne le pense
de bien spécifier, au contraire, que l'argument de
M. le Président Artaud, l'argument de la *production*,
a été invoqué dès les premières campagnes régionalistes ; et que si quelques poètes ont limité le problème à leur seul idéal, il était au contraire bon
nombre d'industriels et d'économistes dont l'objet
principal était beaucoup plus pratique. Qu'on ne
vienne pas nous dire à présent que ces questions
ont été négligées : elles ont été inscrites aux programmes régionalistes en même temps que les
autres. Il importe de le préciser, et il n'est pas
permis de le nier.

Une solution productionniste.

CARTE DE LA PROVENCE

.... limites des départements actuels.
————— limites de la région proposée.

CARTE DE LA PROVENCE

Cette délimitation est celle qu'offrait en 1917 la Chambre de commerce de Marseille. La région commandée par Marseille comprendrait les Hautes-Alpes, les Alpes-Maritimes, le Var, les Bouches-du-Rhône, le Vaucluse, le Gard, la Corse, une partie de la Drôme et le Sud de l'Ardèche.

Comparer cette carte à celle du projet de M. Charles-Brun, reproduite à la page 41.

Quant à dire que la question doive se résoudre en une solution exclusivement productionniste, n'est-ce pas tomber d'un excès dans un autre ? Le problème déborde singulièrement ces | limites étroites : il est plus complexe. Et c'est encore une erreur de le restreindre à ce point.

IX

UNE SOLUTION PRODUCTIONNISTE EN PROVENCE

A titre d'exemple et de documentation, il convient d'examiner toutefois « la solution productionniste » conçue pour la Provence par M. Henri Brenier et proposée, au nom de la Chambre de Commerce de Marseille et sous le patronage de M. Artaud, président de cette assemblée.

Il résulte de son travail un projet de délimitation géographique qui embrasse, dans une seule région, sans épouser leurs limites, un certain nombre de départements ; les Bouches-du-Rhône, le Var, les Alpes-Maritimes, les Basses-Alpes, les Hautes-Alpes, le Vaucluse, une partie de la Drôme, une partie de l'Ardèche et le Gard. Naturellement, ce projet ne satisfait pas tous les régionalistes provençaux (¹).

Il est sans exemple qu'un projet de division régionale quelconque n'ait pas soulevé de tous les points qu'il intéressait les plus diverses et les plus violentes protestations. Généralement, on reproche aux auteurs de ces projets de proposer des régions trop petites. A M. Henri Brenier, on reproche tout le contraire. Ensuite on lui reproche de ne pas tenir assez grand compte des facteurs « idéalistes ». Et ce nous paraît à nous un reproche assez gratuit. Il ne s'agit pas d'offrir le flanc aux adversaires de tout régionalisme littéraire en se prononçant *à priori* contre un projet économique. M. Emile Sicard écrit qu'en établissant géographiquement « la projection de Marseille », M. Brenier « fait jaillir le péril d'une discussion provinciale qu'il est prudent d'écarter ».

Et vraisemblablement, c'est parce qu'il serait prudent de l'écarter que notre ami, M. Sicard, s'apprête lui-même à le faire jaillir.

______

(¹) J'y ai déjà fait allusion chapitre II, à propos des ports francs. Puisque j'ai déjà fait sur le sujet les plus amples réserves, il m'est très loisible d'écrire ici en toute franchise ce que commande l'Idéal régionaliste.

« Le Languedoc, par Toulouse, et le Dauphiné, par Grenoble, vont être amenés à établir leur influence à propos de l'annexion du Gard et des Hautes-Alpes à la Provence. » C'est-à-dire que nous assistons à des polémiques locales entre journalistes soucieux d'affirmer les droits de leurs provinces. Mais en quoi ces droits sont-ils menacés? M. Brenier offre une « solution productionniste ». Et c'est de ce premier facteur qu'il faut tenir compte. Il y a la guerre. Demain il y aura la guerre économique. Nous ne pouvons admettre de la part de notre ami, M. Emile Sicard, cette condamnation à *priori* d'un projet contre lequel il proteste parce que le Régionalisme n'est point encore pour nous, dit-il, une synthèse de laboratoire ou un miracle de chimie (¹).

Il n'est pas douteux que M. Sicard ait raison. Il n'est pas douteux non plus, qu'il se trompe, lorsqu'il prétend tirer de ce principe un argument contre le travail d'esprit si scrupuleusement régionaliste qu'on nous propose.

M. Robert de Souza, qui écrit de Nice, dans l'*Économiste du Littoral*, proteste parce que selon lui Nice doit être un centre régional :

______

(¹) *Le Feu*, 15 août 1917.

« Marseille entend rester la maîtresse absolue de tout le trafic de la région et, jusque pendant cette guerre, ses ports ne suffisant pas au débarquement des marchandises, nous avons les preuves que les bateaux étaient détournés de Nice à Marseille même. La mauvaise volonté est pour une part dans la prospérité de Savone qui, géographiquement, revenait à Nice. L'influence de Marseille fut la cause prépondérante du retard apporté à la ligne de Nice à Digne vers Grenoble et de son exécution ridicule. On doit à Marseille notre circulation uniquement périphérique. On lui doit les stations à n'en plus finir de tous nos trains. Et qu'il s'agisse de houille blanche ou de canaux d'irrigation , Marseille n'envisage jamais ses intérêts dans leurs rapports régionaux. »

Tout cela est fort possible. M. Robert de Souza n'a pas écrit sans réflexion. Mais c'est notre tour de le mettre en garde ainsi que M. Sicard contre l'acte d'indiscipline régionale ainsi favorisé.

Il nous souvient de discussions anciennes à propos d'un projet similaire, mais général celui-là, soulevées, en 1913, par *Le Provençal de Paris*, approuvées par Mistral. On s'était permis de séparer de Marseille le département de Vaucluse. On formait ainsi deux régions provençales, dont l'une chevauchait le Rhône pour embrasser l'Ardèche, le Gard, la Drôme et le Vaucluse. Les Marseillais étaient donc mécontents. On refusait de placer ces quatre départements sous le patronage de leur ville. Quelle atteinte portée aux droits de la cité !

En ce temps-là, on disait donc : « Pas de dépiècement ! » On voulait, en Provence, une Provence fort étendue. On (M. A. Frissant) écrivait :

« Nous demandons, connaissant ces régions, à ce que l'on n'hésite pas à adjoindre aux cinq départements provençaux : Bouches-du-Rhône, Basses-Alpes, Vaucluse, Var et Alpes-Maritimes, quelques cantons de la Drôme et un des Hautes-Alpes. C'est ainsi que je verrais très volontiers rentrer dans la Provence de demain la si provençale vallée de Méouje, qui compte les cantons de Ribiers (Hautes-Alpes) et de Séderon (Drôme). »

Aujourd'hui, c'est exactement cela que proposent MM. A. Artaud et Henri Brenier. Et on leur dit (M. E. Sicard) :

« Il faut consolider d'abord ce qui nous appartient et ne suscite aucune rivalité. Notre région est nettement constituée par les Alpes-Maritimes, le Var, les Bouches-du-Rhône, le Vaucluse et les Basses-Alpes. Dans ce premier cadre nous pouvons à l'aise nous mouvoir. Si je sais qu'une fraction de la Drôme

et le Gapençais nous appartiennent je ne veux, par
une immédiate délimitation départementale, risquer
d'établir une confusion dans l'esprit public. »

Aucun régionaliste ne saurait s'étonner de ces
contradictions qui correspondent à autant d'incerti-
tudes. Mais précisément, il faut se garder d'em-
brouiller « l'esprit public ». Oui ou non, veut-on
une région *provençale* ? Les intérêts économiques
reconnus par M. Brenier en 1917, comme en 1913,
par M. Frissant, correspondent aussi à ces « conditions ethnographiques, traditionnelles, linguistiques, climatériques ou autres », dont précisément
MM. Frissant et Sicard réclament ensemble le
respect, le premier en 1913, le second en 1917, —
en protestant l'un et l'autre contre deux projets con-
traires avec les mêmes arguments, au nom de la
même doctrine mistralienne. Un peu de bonne
volonté conciliatrice ne serait-elle pas possible ?
Comment veut-on qu'on aboutisse avec de pareils
procédés ? Les adversaires du régionalisme n'auraient aucune peine à triompher de ces divisions
trop irréfléchies.

Un premier point, impliqué par la doctrine ré-
gionaliste, est que la parole n'est en aucun cas à
Marseille elle-même, dans ce débat : le centre de la
Région n'a pas à faire connaître ses ambitions. Ses

influences sont faciles à délimiter. Et si, dans le cas qui nous intéresse, il se posait une question d'*Avignon* et du Vaucluse, on admettrait sans peine, en vertu du droit que nous reconnaissons aux villes de disposer d'elles-mêmes, que c'est Avignon, qui, seule, devrait être consultée.

Toutefois, la moindre expérience régionaliste fait prévoir qu'en ce cas c'est *Avignon* que choisirait Avignon comme centre. On ne demandera pas non plus à Nîmes de fixer son choix sur Avignon ou sur Marseille, car elle répondrait : *Nîmes*. Arles répondrait *Arles*, comme *Nice* répond *Nice*, quand on ne la consulte pas. Mais pour Gap, c'est différent. J'incline à croire que Gap pencherait pour Marseille, dont le chemin de fer la rapproche et parce qu'elle y trouverait des intérêts beaucoup plus considérables qu'à Grenoble.

Ainsi, la méthode proprement régionaliste se trouve ici à peu près inacceptable. Je n'indique tout cela que pour découvrir les motifs qui inspirent les protestations aussitôt suscitées par tout projet de réalisation ; protestations qui ne réussissent qu'à entraver les réalisations qu'elles prétendent servir !

Si nous en croyons M. A. Frissant, la théorie de Mistral était celle-ci :

« C'est par le libre consentement des parties que

chaque tout régional doit être formé. Il ne s'agit plus ainsi, pour une personnalité (dont l'autorité ni la grande compétence ne sont en cause) ou pour une Fédération parisienne (dont l'excellent recrutement est indiscutable) de tracer, de toutes pièces, une nouvelle carte de France. Il s'agit de solliciter les avis des intéressés pour organiser, sur des bases fermes, positives, solidement attachées à la terre, la France de l'avenir. »

Je viens de l'indiquer en d'autres termes. Or, ne pense-t-on pas que, précisément, le projet patronné par la Chambre de Commerce de Marseille a la valeur de l'un de ces avis souhaités par Mistral : avis fortement autorisé, motivé, qui alimentera les discussions pendant longtemps ? Et ne pense-t-on pas que la meilleure façon de protester, pour M. R. de Souza et pour M. E. Sicard, consisterait en l'établissement de contre-projets entre lesquels on pourrait choisir ? Ce serait du travail, au lieu de bavardages.

On pourrait choisir, ou plutôt on pourrait combiner chacun de ces projets en tenant compte de chacun des motifs qui aurait déterminé les variantes. Qui choisirait ? Une commission nommée dans chaque grand centre par le gouvernement, et composée des préfets, des députés, sénateurs et conseillers généraux de la région, des représentants des Chambres de Commerce, des représentants des syndicats industriels et agricoles de la région, des présidents ou délégués des sociétés régionales ou régionalistes, archéologiques, artistiques, littéraires, historiques, géographiques, etc., des inspecteurs d'Académie et des inspecteurs primaires, des représentants des administrations financières des services des ponts et chaussées, des chemins de fer, etc., etc., de toutes les personnalités et de tous les groupements dont l'avis doit être consulté. Ces commissions, instruites des nécessités régionalistes par les auteurs des projets soumis eux-mêmes, adopteraient en fin de compte le projet le plus favorable au plus grand nombre d'intérêts.

Je sais qu'une telle solution ne sourira pas à tous les régionalistes. Mais si l'on veut décidément, en vue de la paix, passer de la théorie aux réalisations, il faut prendre un parti. L'idéal serait que la régionalisation pût être spontanée. Nous ne désespérons point qu'en certain cas l'idéal soit atteint. Mais le scepticisme que nous devons apporter dans ces discussions nous commande de ne pas trop compter sur l'idéal. A défaut d'idéal, nous ferons donc appel au bon sens et à l'esprit le plus pratique.

Il est indispensable que la région soit consultée

elle-même, dans tous ses intérêts économiques et intellectuels. Et il est indispensable d'agir rapidement. Un mois peut suffire à la préparation de la division régionale ainsi comprise.

Mais quoi qu'ils en pensent, les industriels ne devront pas seuls avoir voix au chapitre ; et quoi qu'ils en pensent, artistes et poètes ne devront pas seuls être consultés. C'est pourquoi des projets tels que celui de M. Henri Brenier, auquel je reviens après un détour nécessaire, sont utiles. Ils éclairent les artistes et les poètes sur les côtés de la question qu'ils auraient trop volontiers négligés. Mais la collaboration des poètes ne sera pas moins nécessaire aux industriels soucieux de créer des régions harmonieuses. C'est ici que M. Emile Sicard a raison.

M. Henri Brenier a commencé par rechercher les « limites naturelles de la région provençale ». Il l'a fait avec une science très complexe, en tenant compte de tous les intérêts qu'il s'agissait de grouper. L'histoire, la géographie, le climat, l'agriculture, l'industrie, les richesses du sous-sol correspondent à autant de facteurs qui doivent être déterminés avec soin, puisque ce sont « les éléments de vitalité propre dont Marseille est le centre naturel ».

Excellente méthode, comme on le voit, et sur laquelle je n'insiste que pour la mieux proposer en exemple. Ayant déterminé ces éléments, M. Brenier les étudie. Il ne néglige aucune ressource, aucun intérêt. Il constate d'ailleurs que ceux de ces *intérêts* « que le milieu, la nature même des choses, rapprochaient » n'ont nulle part attendu des considérations semblables pour s'unir. Il existe partout des syndicats agricoles, professionnels et économiques qui sont comme autant d'essais de réalisation pratiques du Régionalisme avant la lettre ! Et M. Brenier conclut fort nettement que, en Provence, c'est à la Chambre de Commerce de Marseille qu'il appartient de prendre la tête du mouvement. Il faut bien qu'on s'y décide ! C'est un exemple dont on se souviendra : il sera commémoré en lettres d'or sur les tables de marbre où le temps sera venu bientôt de graver les annales du Régionalisme national.

$$X$$

LE RÔLE DES CHAMBRES DE COMMERCE

Pendant la guerre, avons-nous dit, une troisième initiative a complété encore l'effort décentralisateur tenté par le gouvernement. Elle émanait du ministre du Commerce, M. Etienne Clémentel, et elle consistait en un groupement régional des Chambres de commerce (1) : initiative d'ordre économique, par conséquent, dont l'intérêt est considérable et dont il sied d'envisager à la fois et les chances de succès, et les conséquences.

La Chambre de Commerce existe. Elle n'est pas

____

(1) Annoncée dans le courant de l'été 1917, elle n'a pas tardé à se préciser par la suite.

un mythe. La loi lui confère un certain nombre d'attributions. Mais il ne fut pas difficile au ministre
averti des problèmes qu'il lui appartenait de résoudre et soucieux d'assurer notre avenir économique de constater que :

1° Aucun lien n'existait entre les Chambres de
Commerce et l'administration du ministère du
Commerce ;

2° Aucun rapport n'existait entre les Chambres
de Commerce elles-mêmes.

Ce sont deux lacunes qui réduisaient à fort peu
de choses le rôle de ces assemblées. Elles ont décidé M. Clémentel à tenter une réforme. Et cette
réforme consiste d'abord en un essai d'organisation. Car il n'existe pas d'organisation réelle du
Commerce ni de l'Industrie française. Comment
tenter cette organisation, sinon suivant une méthode nettement régionaliste ?

Il y a lieu, en effet, de tenir compte des intérêts
communs à une même région, afin de leur donner
une représentation commune, de la situation particulière de chacune des industries, de l'outillage économique des différentes régions, etc... Il s'agit de
réaliser, en somme, le meilleur aménagement des
forces économiques du pays. Comment réaliser cet
aménagement sans tenir compte des conditions de

lieu et de distance? Enfin, si, à l'éparpillement actuel de ces forces, doit succéder une concentration, quelle base lui donner, sinon la base régionale correspondante à la localisation et à la somme des intérêts communs?

M. Clémentel n'hésita pas. Il décida que les Chambres de Commerce isolées seraient désormais fédérées par région. Le groupement des budgets des différentes assemblées permettra en effet une exploitation rationnelle et plus complète de la région. Il permettra d'entreprendre à frais communs des travaux intéressant la collectivité et, qui dépassaient les moyens d'une seule Chambre. Il permettra la mise en valeur de toutes les ressources économiques de la France.

Mais, avant de consacrer par décret ces décisions, le ministre eut l'idée de consulter les groupements intéressés. Et, par une circulaire datée du 25 août, il expliqua ainsi ses intentions :

« Qu'il soit utile et même nécessaire d'organiser sur des bases régionales notre vie économique, écrit-il, c'est ce qui n'est plus à démontrer. En particulier, depuis la publication des études de M. Vidal de la Blache (1910 et 1912), *tout le monde est d'accord pour considérer que le département est un cadre trop étroit.* La révolution qui s'est produite dans les transports et le raccourcissement des distances qui en a été la conséquence, ont modifié les conditions du problème. Des villes qui étaient autrefois des centres de vie locale ne sont plus maintenant que des annexes de centres plus puissants. L'ampleur des phénomènes économiques actuels est telle qu'ils ne sauraient s'enfermer dans quelques centaines de kilomètres carrés. » (*Voir carte, p. 125*).

A cet exposé, était joint le projet. Seize groupements différents devaient correspondre aux seize régions ayant pour centres respectifs : Lille, Rouen, Rennes, Nantes, Limoges, Bordeaux, Toulouse, Montpellier, Marseille, Grenoble, Lyon, Dijon, Nancy, Paris, Orléans ou Bourges, et Clermont-Ferrand.

Ce projet souleva quelques protestations : certaines Chambres de Commerce demandent à être rattachées à un autre centre que celui auquel elles sont affectées par le projet. Enfin, certaines compétitions surgissent çà et là entre telle ville qui réclame le rôle de capitale contre telle autre. Avant d'examiner les plus importantes de ces objections, hâtons-nous toutefois de reconnaître que la plupart des Chambres de Commerce ont envoyé leur adhésion complète au ministre, et qu'en tout cas aucune ne proteste contre le principe fédératif et régional qui est à la base du projet lui même.

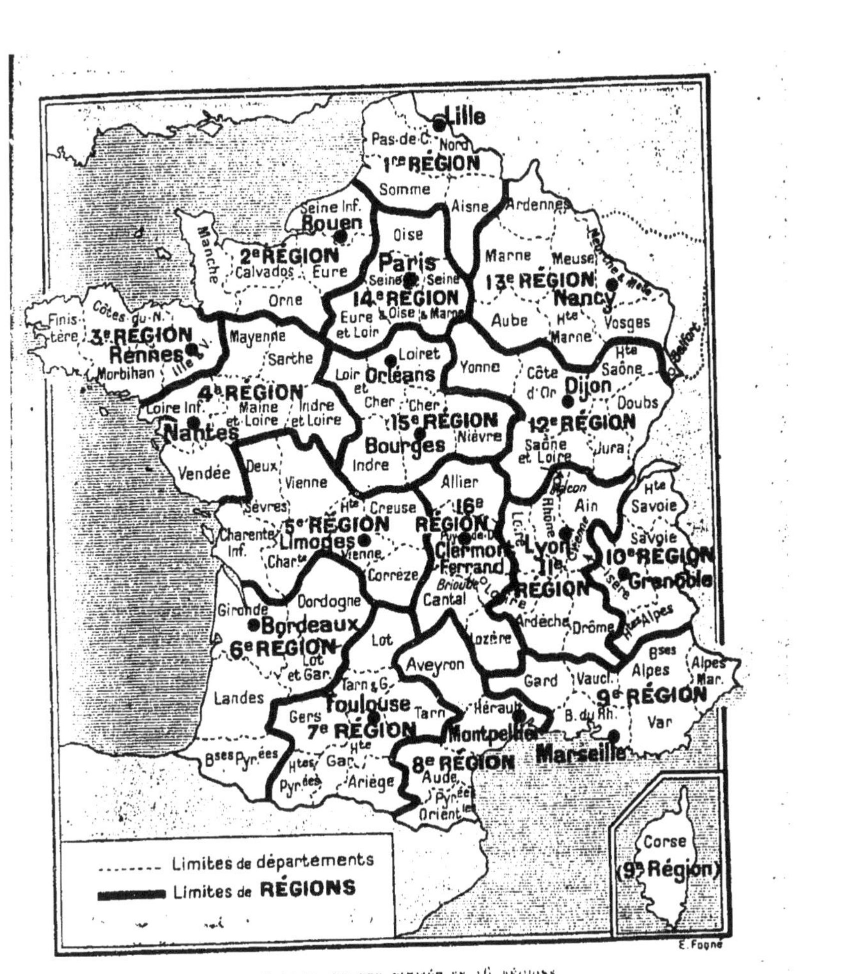

CARTE DE LA FRANCE DIVISÉE EN 16 RÉGIONS

Projet de M. Clémentel.

(Les 16 régions sont constituées par le groupement économique des Chambres de commerce.)

Ce projet n'est pas imperfectible. On le verra. Il est entaché d'un vice originel : il n'envisage pas la suppression des départements, et trop souvent il épouse leurs contours. C'est qu'il n'appartient pas au ministre du Commerce de décider la grande réforme administrative depuis si longtemps réclamée, qui substituerait la région organisée aux départements actuels, partout condamnés. Ne pouvant supprimer pour le moment le département, M. Clémentel s'en est accommodé de son mieux. Les réformes partielles promettent et nécessitent les réformes totales. La réforme d'aujourd'hui est un gage précieux pour l'avenir.

Parmi les revendications soumises à l'administration ministérielle par les Chambres de Commerce intéressées, il en est quelques-unes qui méritent de retenir l'attention. Elles soulèvent de petits problèmes régionaux que le ministre saura résoudre, et dont les conséquences sont à mesurer. Toute protestation de cette nature, d'ailleurs, ne peut être enregistrée qu'avec satisfaction ; elle accuse une personnalité propre, consciente d'elle-même, de ses caractères, de ses affinités, de ses intérêts, de son rôle. Ces facteurs ne peuvent être négligés.

Ainsi la Chambre de Commerce de Caen refuse de se rallier au groupement de Rouen. Caen a l'ambition de former, avec le Calvados, l'Orne et la Manche, un gouvernement particulier. Pourquoi ? Tout simplement parce que Caen et Rouen ne sont pas les centres d'intérêts communs. Rouen commande un important trafic et des marchés agricoles d'un caractère particulier. Caen, chef-lieu de la Basse-Normandie, est le centre du développement minier dont on s'est récemment occupé et de productions agricoles différentes. Il n'y a pas ou peu d'intérêts communs entre les Chambres de Commerce de Rouen et de Caen: pourquoi les unir ? Et pourquoi rattacher l'Orne et la Manche à un centre qui n'est pas le leur, et qui leur est d'ailleurs difficilement accessible ?

La Chambre de Commerce de Caen vient de publier, d'autre part, les résultats d'une enquête fort précieuse sur le maintien et le développement de l'industrie dans le département du Calvados et la création d'industries nouvelles. Il suffit de s'en référer à ce travail pour connaître les caractères industriels de la région dont Caen est le centre : ils diffèrent sensiblement de ceux de la région de Rouen.

On a vu également que le choix du ministre entre Orléans et Bourges n'était pas fait encore,

Et déjà Bourges réclame contre Orléans le rôle de
capitale. Que l'on veuille bien considérer la carte
des centres régionaux plus haut cités. On verra
que Bourges se trouve sensiblement au centre de
gravité de la région formée par le Cher, l'Indre, le
Loir-et-Cher, le Loiret et la Nièvre. Par contre,
Orléans, marché de la Beauce, assise sur la Loire,
en rapports constants et rapides avec Paris, fait
valoir des raisons de prédominance qui ne sont pas
sans valeur. Mais Bourges, capitale des Gaules,
ancienne capitale du Berry, voisine du centre industriel de Vierzon et elle-même cité fort industrielle, centre artistique et intellectuel, a bien des
titres aussi. Il est difficile de se prononcer : Bourges
et Orléans sont à la fois centres de régions militaires et sièges de Cours d'appel ! Toutes deux sont
bien desservies par un réseau important de voies
ferrées et par la voie fluviale. Mais ce qui plaide en
faveur de Bourges, c'est sa situation centrale :
équidistante, ou presque, de Châteauroux et de
Nevers, elle est plus proche de Vierzon qu'Orléans.
Par contre, Orléans est plus proche de Blois. On
conçoit l'hésitation du ministre.

Pourtant, tout nous incline vers Bourges, plutôt
que vers Orléans. Et c'est d'abord parce que Orléans est trop peu distante de Paris pour avoir une

personnalité aussi accusée que celle de Bourges,
ville régionaliste s'il en fut ; le Nivernais accepte la
prépotence de Bourges, mais refuse celle d'Orléans.
Châteauroux est en rapports étroits avec sa voisine.
Et Blois paraît assez indifférente. Enfin, Bourges
est le centre naturel d'intérêts très différents, et
pourtant communs.

Mais le grand débat est soulevé par Nice contre
Marseille. Nice refuse la tutelle de Marseille. Chose
étrange : ce n'est pas pour réclamer en son nom le
rôle de centre économique. Elle préfère se rattacher à Grenoble. Et ici est soulevée l'objection à
laquelle on a déjà fait allusion.

On a vu plus haut à quelle région correspond le
projet élaboré spontanément par la Chambre de
Commerce de Marseille.

Le projet de M. Clémentel limite cette région aux
six départements : Gard, Vaucluse, Basses-Alpes,
Alpes-Maritimes, Var et Bouches-du-Rhône.

Or, Nice, je veux dire la Chambre de Commerce
de Nice, préconise un autre groupement, de sept
départements, et qui comprendrait l'Isère (moins
l'arrondissement de Vienne), la Savoie et la Haute-
Savoie, les Hautes et Basses-Alpes, les Alpes-
Maritimes et la Corse. Ainsi le Dauphiné, la Savoie
et le comté de Nice, tout le système alpestre méri-

dional, formeraient une région particulière, dont Grenoble serait le chef-lieu et dont Nice serait le débouché naturel sur la Méditerranée. Les arrondissements de Toulon et de Draguignan seraient également rattachés à cette région.

M. Robert de Souza a fait valoir que la région ainsi formée présenterait un grand caractère d'unité, unité renforcée par la communauté d'intérêts et la communauté de l'exploitation hydro-électrique.

A ces considérations précises, il convient d'opposer qu'une telle région serait fort mal desservie sous le rapport des communications. Il faut passer par Marseille ou par Aix pour aller de Grenoble, de Gap, de Chambéry, d'Annecy et de Digne à Nice. Si Nice est donc le débouché naturel de la région, c'est un débouché bien impraticable ! Sans doute, M. Robert de Souza entrevoit la relation directe de Nice à Grenoble. Mais la région économique destinée à favoriser des renaissances immédiates doit-elle s'organiser sur des bases réelles ou sur des projets ?

Et quelle part la Chambre de Commerce de Nice ferait-elle à Marseille, dans ces conditions ? Elle lui laisserait le Gard, le Vaucluse, les Bouches-du-Rhône et une partie du Var. Car le projet du ministère du Commerce rattache à Lyon l'Ardèche et la Drôme. Il convient d'indiquer encore, pour la clarté de l'étude, que le même projet accorde à Grenoble la priorité sur la Savoie et la Haute-Savoie, l'Isère moins l'arrondissement de Vienne, qui est Lyonnais, et les Hautes-Alpes. On ne voit pas très bien l'intérêt qu'il y aurait à accroître la région de Grenoble, mal desservie par les moyens de communication, au détriment de la région provençale, qui existe déjà, par Marseille, et que Marseille commande comme elle commande le littoral niçois lui-même.

Quant à la Corse, on avouera que rien ne la rattache à Nice et à Grenoble, alors que toutes ses relations sont à Marseille, par où se fait la plus grande partie de son trafic.

De même, Besançon refuse sa subordination à Dijon, et la Chambre de Commerce de Beaune proteste fort justement contre le rattachement de Mâcon et de Villefranche à la région de Lyon, en faveur de l'intérêt qu'il y aurait à la reconstitution d'une seule Bourgogne viticole. Que Mâcon aille donc à Dijon et que Besançon ait satisfaction !

Bordeaux proteste également et réclame la franchise des ports ; seule solution vraiment pratique ; appliquée à Marseille, elle suffirait à mettre fin au conflit dont on vient de parler, — et qui se reproduit en maintes régions.

On voit quels intérêts s'attachent aux réalisations du projet. Il faudrait beaucoup de place pour l'étudier dans ses détails, car il soulève bien d'autres problèmes à côté de tous ceux que je n'ai fait qu'indiquer. En considérant la carte annexée à l'exposé de ce projet, on voit que l'Oise est rattachée à la région parisienne. Or, une partie au moins du département de l'Oise a son centre naturel à Amiens, chef-lieu d'une région économique différente de celle de Lille et que M. Clémentel paraît ignorer.

De même, et bien que la Chambre de Commerce de Chartres ait adhéré au projet sans discussion, il semble bien que, loin d'avoir tous ses intérêts à Paris, le département d'Eure-et-Loir penche d'un côté vers la Normandie, de l'autre vers Orléans, si Orléans doit être chef-lieu de région.

Et ce sont des valeurs qu'on fera bien de reviser soigneusement, si l'on veut que les réalisations annoncées par le projet répondent à toutes les espérances.

Mais nous n'avons considéré jusqu'ici, pour ainsi dire, que l'aspect géographique de la question.

Effectivement il y a une géographie économique de la France dont il faut tenir compte. Ce n'est pas le seul point de vue qu'ait soulevé M. Clémentel en élaborant son projet.

On a vu quelles intentions ont présidé à cette élaboration. Reste à savoir si véritablement les moyens mis par la loi à la disposition du ministre lui permettront de réaliser complètement ces intentions.

Quelles sont les attributions exactes des Chambres de Commerce ? Les lois du 21 décembre 1871 et du 22 janvier 1872, modifiées par la loi du 10 février 1908, les précisent. Et voici les principales : Les Chambres ont pour mission de donner au gouvernement les avis et [renseignements qui leur sont demandés sur les questions industrielles et sociales, et de présenter leurs vues sur les moyens d'accroître la prospérité de l'industrie et du commerce. En outre, elles sont obligatoirement consultées en certains cas, et des initiatives partielles leur sont laissées. Notamment, elles peuvent entreprendre certains travaux, créer des écoles d'apprentissage, des entrepôts, etc... Mais ce sont surtout des organes *consultatifs*.

Or, il n'est pas douteux qu'en unissant leurs budgets, plusieurs Chambres de Commerce puissent

entreprendre des travaux plus importants, subvenir
à des frais plus considérables. Il n'est pas douteux
non plus que de la réunion de plusieurs assemblées
doive résulter une plus grande entente et une
meilleure unité de vues dans la région. Mais on ne
voit pas du tout en quoi le fait d'ordonner le groupement permanent de certaines Chambres de Commerce, groupement conforme à la loi du 9 avril 1898,
et destiné à permettre aux assemblées « de correspondre directement entre elles, de se concerter, de
se réunir en conférences et d'entreprendre à frais
communs des travaux d'intérêts collectifs », — on
ne voit pas en quoi le fait d'ordonner ces groupements favorisera l'essor économique du pays.

La loi, en effet, ne confère aux Chambres de
Commerce que de vagues pouvoirs et elle ne leur
concède que de modestes budgets. Puisque, pour
donner une nouvelle impulsion à l'activité économique de la France, on a cru devoir briser le cadre
du département primitivement assigné pour limite
aux plus puissantes de ces assemblées, ne convien-
drait-il pas d'étendre aussi leurs attributions ? Elles
correspondent directement avec le ministre. Mais
leur rôle, trop souvent, n'est que purement con-
sultatif, et leurs initiatives sont souvent contrariées.
Ne pourrait-on, et ce serait à la fois une simplifica-

tion de nos rouages administratifs et un acte de
véritable décentralisation, ne pourrait-on confier à
ces petits parlements régionaux, où la plupart des
intérêts commerciaux et industriels sont représentés
en dehors de toute considération politique, l'administration et la mise en valeur totale de la région
économique ?

Lorsque M. Jean Hennessy réclamait la constitution d'assemblées régionales élues suivant un
mode nouveau de représentation professionnelle, il
n'était pas éloigné des intentions ministérielles.
Cette assemblée existerait presque par la seule
réunion des Chambres de Commerce d'une région.

XI

LE POINT DE VUE FINANCIER

JE crois bien que M. Henri Brenier a trouvé en
même temps que la solution productionniste,
la solution du *Régionalisme financier* : grosse question ! un livre récent du regretté Jean Buffet (¹) l'a
posée nettement dans ses rapports avec la guerre :
l'institution d'un *Régionalisme financier* est assurément la condition première de toute réalisation économique. Après la guerre, nous aurons besoin de notre
argent en France. Or, nos grandes banques nationales
et régionales exportent trop volontiers nos capitaux

(¹) *Du Régionalisme au Nationalisme financier*, Nouvelle
Librairie Nationale.

à l'étranger. Pour que ces capitaux puissent servir au relèvement de la France, il est indispensable de modifier complètement notre système bancaire. En l'état actuel de notre organisation financière, l'emploi de capitaux français en France est à peu près interdit. Nos banques provinciales n'offrent pas assez de crédit pour pouvoir prendre l'initiative d'un emprunt ou d'une émission importante. D'où leur impossibilité de lutter contre la concurrence des agences des grandes banques nationales et des grands comptoirs internationaux. Ceux-ci absorbent des capitaux dont ils usent à leur gré. Nous savons parfaitement au moyen de quels virements de fonds successifs un grand établissement de crédit peut réaliser des bénéfices aussi considérables que ceux dont l'aveu est imprimé annuellement dans les rapports soumis aux assemblées générales. Ce n'est un secret pour personne que les capitaux français ainsi confiés à la gestion d'établissements représentés par d'innombrables succursales dans toutes les provinces ou colonies françaises et dans tous les pays étrangers, ont généralement servi à des entreprises étrangères. Nous-mêmes, n'étions-nous pas obligés de faire appel à des capitaux étrangers ? Les banques françaises ne s'intéressaient point aux affaires françaises ; c'était un principe financier

contre lequel auoun argument n'a jamais prévalu.
Et l'on s'étonne aujourd'hui que tant de capitaux
étrangers, et même ennemis, aient été nécessaires
à l'essor d'entreprises qui auraient dû rester françaises !

On aurait tort d'en adresser le moindre reproche
aux industriels ou ingénieurs français : pour mener
à bien leur œuvre, ils devaient accepter le concours
des capitaux qu'on voulait bien mettre à leur disposition. C'était leur intérêt. Et qui donc avait
ainsi intérêt, en revanche, à mettre des capitaux à
la disposition de sociétés françaises, sinon ceux qui
précisément ont toujours eu l'ambition de mettre
la main sur l'activité commerciale et industrielle de
notre pays afin de la maîtriser complètement ? —
C'est ainsi que sont venus en France la quantité
prodigieuse de capitaux allemands que l'on s'est
étonné d'y trouver au début de la guerre, en 1914,
et que les capitalistes français avaient refusés à leur
pays parce que, en revanche, ils préféraient confier
leurs capitaux aux trusts des grands établissements :
ceux-ci, les récépissés d'ordres d'achats une fois
délivrés, employaient les capitaux mis à leur disposition suivant les intérêts du moment. Et c'est
ainsi que, au grand étonnement de la plupart des
intéressés, on pourrait montrer comment bon

nombre de capitaux français, après avoir servi des entreprises étrangères et notamment allemandes, sont revenus servir des entreprises françaises, mais par le truchement de banques étrangères, et principalement suisses ou allemandes. On ne saurait affirmer que cet extraordinaire trafic n'ait pas continué pendant la guerre...

Qu'en penser, sinon que le système financier qui permet et qui, non content de permettre, nécessite de telles manœuvres est parfaitement préjudiciable aux entreprises françaises et sera encore plus préjudiciable au relèvement économique de notre pays ? La réforme de notre système bancaire n'est-elle pas l'une des plus urgentes à réaliser ?

On a proposé comme une solution favorable la fédération ou le groupement de plusieurs banques provinciales ou sociétés financières entre elles : des intérêts plus nombreux ainsi solidarisés permettraient à ces établissements de réaliser ensemble des opérations plus importantes, et notamment de procéder à des emprunts et émissions interdits à une banque d'un moindre crédit. Il appartient aux banquiers français de donner suite à ces projets et de prendre ces initiatives nécessaires à l'essor économique de la France.

Mais la solution la plus pratique me paraît être

précisément la solution régionaliste qu'a envisagée dans son ouvrage M. Henri Brenier : il préconise — et j'ignore si le projet est de lui — le groupement des Caisses d'Épargnes. C'est très simple, comme on le voit : il fallait y songer. Le groupement des Caisses d'Épargnes ne serait en rien un obstacle au système d'Unions bancaires régionales déjà envisagé, mais constituerait au contraire, dans chaque région, comme un établissement national dont l'administration de la Banque de France est toute désignée pour favoriser la création.

Il ne m'est guère possible d'insister sur le côté pratique d'un Régionalisme financier : c'est un soin interdit à un profane. Mais j'ai tenu à signaler la *position* financière du problème régionaliste dont l'étendue, comme on le voit, tend à dépasser de plus en plus les étroites conceptions auxquelles on se plaît parfois à trop limiter l'intérêt du régionalisme lui-même.

XII

LES PRÉCURSEURS

Ces positions n'étaient peut-être pas exactement celles de tous les régionalistes, il y a
dix ans. Elles ne sont pas encore celles de tous,
aujourd'hui. Je crois, néanmoins, qu'elles situent
assez exactement la question, telle qu'elle se présente. De plus, elles marquent l'évolution d'une
idée depuis vingt ans. Le point de départ, com-
paré au point où nous en sommes, certes, est assez
distancé ! Il importe de ne pas le perdre de vue.

Où allons-nous maintenant ? — C'est la grande
question que les pionniers d'une formule ou d'une
idée qui a vu le succès arrivent fatalement à se
poser, lorsque s'annonce l'heure des réalisations.

Nous en sommes·là. Et ce ne sont pas les événements qui simplifient la solution.

Il souvient à quelques-uns d'un article du comte de Mun (*Écho de Paris*, 19 octobre 1912), où l'importance du mouvement régionaliste était nettement établie. Il faut faire appel à l'autorité de cette voix disparue :

« Les écrivains qui, disait le comte de Mun, sortis des milieux intellectuels les plus divers, ont soutenu et propagé la thèse régionaliste avec un éclat dont le beau livre de M. Charles-Brun est le plus remarquable témoignage, n'auraient pas suffi à la populariser si elle n'eût répondu à un besoin universel, et trouvé, par là, un terrain tout préparé, non dans le cerveau des théoriciens, mais dans l'intelligence pratique des hommes de travail. C'est chez eux que l'idée régionaliste rencontre, à l'heure présente, l'adhésion la plus précise et c'est parce qu'elle a leur assentiment qu'elle devient *irrésistible.* »

Sans doute. Et ce n'est pas diminuer le mérite des écrivains dont parlait l'auteur de cet article : c'est le situer nettement, le caractériser. Aujourd'hui, cela est plus vrai que jamais. Et le comte de Mun ajoutait en terminant :

« Tous ceux que préoccupe l'avenir de la nation

feront bien de suivre avec vigilance le mouvement
qui commence. Les « précurseurs » d'Angoulême (¹)
auront peut-être, un jour, dans l'histoire, une
place semblable à ceux de Vizille. »

Il convenait d'achever ce chapitre en fixant cette
dernière position, et en renouvelant à ceux à qui
il s'adresse l'hommage plus que jamais mérité qui
leur était rendu dès 1912 par un grand écrivain
français.

---

¹ C'est à Angoulême que c'est tenue la première réunion
du Centre-Ouest-Maritime, où M. Jean Hennessy avait, pour
la première fois aussi, fait profession de foi régionaliste,
publiquement, en 1912.

QUATRIÈME PARTIE

L'IDÉE FÉDÉRALISTE

I

LE MOT « FÉDÉRALISME »

> La Fédération *est une convention par la-
> quelle un ou plusieurs chefs de famille,
> un ou plusieurs groupes de communes ou
> États s'obligent réciproquement et égale-
> ment les uns envers les autres pour un ou
> plusieurs objets particuliers, dont la
> charge incombe spécialement alors et ex-
> clusivement aux délégués de la fédération.*
> P.-J. Proudhon.
> (*Du Principe Fédératif*).

« Précurseurs », sans doute. Mais de quoi les
écrivains salués de ce beau nom par le
comte de Mun auront-ils été exactement les précurseurs?

Dès le début des recherches régionalistes, un
mot revenait souvent dans les écrits ou dans les
conversations, dont l'imprécision prêtait peut-être

à équivoque, mais qui déjà exprimait certaines aspirations des plus hardis, parmi ces précurseurs. C'était le mot *fédéralisme*. Et voici qu'aujourd'hui nous le retrouvons un peu partout ! Les Félibres le prononçaient volontiers et les régionalistes d'aujourd'hui en font un usage courant. Il y a là un signe des temps et le témoignage d'une évolution sur lesquels il ne faut pas se méprendre.

Et, de fait, nous avons vu que de l'idée félibréenne à l'idée régionaliste, il n'y avait à franchir qu'une étape. Sans le savoir, les premiers régionalistes étaient déjà des fédéralistes, en puissance. En effet, un grand nombre d'entre eux ont souvent invoqué les témoignages de Proudhon. M. Charles-Brun dans son grand livre a souvent cité l'auteur du *Principe Fédératif*. C'est en vue d'un projet de « fédéralisme administratif » que Foncin préconisait la délimitation des *pays*.

En partant de telles prémisses, il était difficile de ne pas arriver à la conclusion qui paraît aujourd'hui se dégager d'un effort dont on n'a pas toujours évalué très exactement la portée.

Si nous rouvrons la brochure déjà citée sur *L'évolution Félibréenne,* nous y trouverons ces passages dont la place est ici :

« Dès la première période de l'agitation, Mistral

avait de même assigné au Félibrige une portée qui dépassait de beaucoup celle d'une renaissance littéraire. Il avait, vers 1868, prononcé le nom « d'Empire du Soleil » qu'il appliquait au Midi de la France avec une arrière-pensée évidente de *jédération latine*. Il reprit l'idée et le terme en 1878, dans une conférence... dont je ne retiens que cette phrase : «... Le Félibrige porte en lui peut-être l'avenir de la race latine ». C'est que les événements s'étaient précipités. L'inspiration généreuse qui faisait du Félibrige le lien d'un groupement entre tous les peuples latins s'était traduite aux fêtes du centenaire de Pétrarque (1874). Les Catalans, rapprochés du Félibrige dès 1867, les Roumains (¹), les Italiens, venaient au groupement nouveau...

« M. A. Roque-Ferrier écrivait : *L'idée latine et les Fêtes de Montpellier*, et développait le plan d'une fédération latine... C'est à Montpellier que se fondait, en 1890-91, la Société du Félibrige Latin qui formulait ses aspirations panlatinistes dans la préface de la revue du même nom »...

____

(¹) M. Charles-Brun a rappelé ces relations anciennes entre intellectuels roumains et français dans une étude fort documentée parue dans *le Correspondant* (25 septembre 1916).

Mistral a écrit, en effet, dans l'*Armana* (Almanach) de 1861 :

« Belle Provence, es-tu destinée, comme trait d'union naturel, à relier en une même gerbe les trois brillants faisceaux de la race latine : la France, l'Italie et l'Espagne » ?

Ce texte, nous dit M. Charles-Brun, dans un autre ouvrage (¹), est doublement intéressant : le poëte ne semble encore qu'émettre un vœu, presque un doute ; d'autre part, il va, du premier coup, à la *fédération* entre les trois grandes nations méditerranéennes. En d'autres circonstances, il s'expliquait lui-même : « Et souvenez-vous bien que si cette grande idée, la fédération latine, un jour se vérifie, ce sera le Félibrige qui en sera le nœud. » Il terminait en prédisant à la ville de Marseille le rôle de centre de cette fédération, de « capitale resplendissante de cet empire de lumière, de paix, de poésie, que les félibres appellent *l'Empire du Soleil* (²). »

En 1887, à la sainte Estelle, ajoute M. Charles Brun, « il reprenait la même idée, en l'élargissant : il parlait de *La Fraternité des Peuples* » ; il parlait

---

(¹) *Mistral, poète social* (à paraître).
(²) Conférence au Cercle artistique de Marseille, en 1882.

du jour où « les peuples célébreront ensemble la grande félibrée de l'union dans la paix et dans la liberté ».

Ces textes expliquent d'eux-mêmes pourquoi M. Fernand Gauzy pouvait écrire dans *Le Feu* (¹) en parlant du rôle de Mistral : « S'il l'eût voulu — et peut-être eût-il dominé ses répugnances s'il avait soupçonné la catastrophe si proche — Mistral eût été le chef d'*un grand parti fédéraliste* d'action à la fois politique, intellectuelle et sociale ».

M. Charles Maurras, d'autre part — dans son beau livre *L'Étang de Berre* — évoque aussi la déclaration des jeunes félibres fédéralistes lue en 1892, chez les Félibres de Paris, par Frédéric Amouretti. Il lui attribue une importance de tout premier ordre, et il en tire les mêmes conclusions que nous : « Le mouvement régionaliste actuel, écrit-il, se rattache, en grande partie, à l'effort méridional déterminé en 1854 par Mistral, appuyé un peu plus tard par Berluc-Perussin, Félix Gras, Xavier de Ricard

---

(¹) *Le Feu*, organe du Régionalisme Méditerranéen, n° du 15 juin 1917, Aix en Provence. — A ce même sujet, il faudrait relire aussi, dans le numéro de *La Revue critique des idées et des livres*, consacré à la mémoire de Mistral (10 avril 1914), les pages de M. Marcel Provence sur *Mistral et l'Europe*.

et Auguste Fourès. Avec les survivances de l'école
de Nancy, profondément transformées par Maurice
Barrès, et le groupe breton-bretonnant, qui, lui,
n'a jamais défailli, tels sont bien les trois éléments
des idées et des formulaires en cours. »

II

LES RÉALITÉS FÉDÉRALISTES

LE rôle assigné à la Provence dans le projet d'une fédération latine, d'autres provinces sont destinées à le jouer dans le projet élargi d'un fédéralisme européen. La question ne se pose pas de savoir si ce fédéralisme est souhaitable, ni s'il est prochain : l'évolution des idées en marche, le sens des réalités politiques, tout nous indique que c'est vers ce nouveau point cardinal des spéculations diplomatiques que convergent les vents. Nos volontés mêmes coalisées n'empêcheront pas les vents de souffler.

De même qu'en 1896 Charles-Brun découvrait la portée sociale du mouvement félibréen, nous constatons aujourd'hui, en ce 1918 — et je me plais à reconnaître que certains ont pu le marquer avant nous — que la portée sociale, intellectuelle, admi-

nistrative et économique du Régionalisme dépasse
singulièrement les limites que nous lui tracions
alors qu'on ne tenait point compte encore des facteurs politiques qui dominent aujourd'hui le problème. Le Régionalisme porterait-il en lui l'avenir
de la Société européenne? Et la France — comme
naguère, comme encore la Provence entre les peuples latins — serait-elle destinée à relier entre elles
les nations voisines ?

Ne préjugeons pas ici de ce que l'Allemagne
sera demain, et ne tentons pas de lui assigner
d'avance le rôle qu'elle devra tenir dans la fédération des peuples. C'est un problème que d'autres
traiteront avec des compétences qui me sont étrangères. Mais voici qu'on nous parle de tous côtés de
cette *Société des Nations,* naguère entrevue à travers
le félibrige naissant par son prophète ; des journaux
et des revues paraissent avec le programme nettement fédéraliste (¹). Le livre de Henry Cellerier, *La
Politique Fédéraliste,* paru en 1917, offre lui-même
un symptôme curieux. Et voici le livre d'un grand
républicain, M. Edgard Milhaud : *La Société des Nations* (1917) ; et voici le grand tapage mené autour
de l'idée par le député régionaliste Jean Hennessy.

(¹) Voir *Le Journal des Nations,* fondé en 1917, — *Le
Monde Latin,* etc...

La Provence et, autour d'elle, l'empire du Soleil, est appelée à réaliser la Fédération latine. Entre l'Angleterre et la France, un rôle analogue échouera peut-être à la Normandie, où la race anglo-saxonne a conservé quelques affinités. La Flandre française est un pont naturel jeté entre les Pays-Bas et l'Ile de France. La Wallonie tend vers les Ardennes de toutes ses sympathies nationales. La frontière naturelle du Rhin marque ici les limites des aspirations qui nous sont permises. Une partie de la Suisse n'a pas cessé de témoigner son amitié à la France. Et nous voici en Savoie sur la frontière italienne et de la Provence.

Ce tour de France un peu rapide n'a pas la prétention de régler le sort de la future Europe Occidentale : je prie qu'on ne lui donne pas une autre valeur que celle d'une simple indication. Et il nous suffira de rappeler par exemple les parentés encore agissantes qui attirent les unes aux autres les Flandres et les Espagnes (¹).

(¹) Encore en 1917, un livre vient de paraître dont l'influence servira cette cause : *Les Poètes de la Flandre Française et l'Espagne* (Crés, éd.), anthologie opportune qui nous est value par les soins de MM. Charles Droulers et Léon Bocquet.

III

LE RÉGIONALISME CATALAN

1918 ! l'actualité immédiate de ces pages oblige à porter les regards vers cette Espagne dont je viens de parler. Les journaux nous apportent chaque jour les échos des événements qui s'y déroulent. C'est d'après ces mêmes journaux qu'il faut les noter.

M. Emmanuel Brousse, député des Pyrénées-Orientales, le 16 juillet, expliquait :

« Le 5 juillet dernier, les parlementaires catalans se sont réunis à Barcelone, sans distinction de parti ni d'opinion. Libéraux, conservateurs, fédéralistes, carlistes, réformistes étaient présents et le chef du parti radical, M. Lerroux, voisinait avec

son plus implacable adversaire, M. Cambo, le leader
du parti catalaniste.

» Les députés et sénateurs catalans ont demandé
la convocation immédiate des Chambres espagnoles
qui feraient fonction d'Assemblée constituante et qui
seraient chargées de résoudre les graves problèmes
de l'heure présente en substituant le principe de
l'autonomie au régime de la centralisation (¹). »

Ainsi est découverte l'origine proprement régionaliste d'un mouvement dont les conclusions seront
d'importance toute relative, à l'égard du principe
lui-même.

Un autre écrivain concluait à la même époque :

« Appelons ce mouvement régionalisme ; défi-
nissons-le autonomie : peu importe le mot.

» Il est évident qu'en Espagne comme dans tous
les pays du monde, il y a une poussée de décentralisation dont il serait puéril de nier l'importance, et
à laquelle il y aurait danger de résister.

» L'avenir semble aux petites nationalités qui se
fédéreront et s'uniront contre les périls de l'Extérieur. »

Même principe, même déduction.

Et c'est un troisième écrivain, M. Marius Leblond,

(¹) *L'Intransigeant*, 16 juillet 1917 : *Une date historique.*

qui va conclure pour nous cette petite enquête (¹) :

Il écrit — et je m'en réfère à la connaissance qu'il possède des questions espagnoles, en m'excusant d'une citation dont la clarté nécessite l'importance :

« Réfléchissons donc aux nécessités *qui tout à la fois provoquent mais contiennent* le régionalisme en l'empêchant d'être un danger. Il y a RÉGIONALISME *dans une région quand elle a, sur une aire d'individualité géographique suffisamment riche, une personnalité intense et généreuse telle qu'elle éprouve la nécessité de produire davantage pour le bien-être local mais aussi pour collaborer au progrès de l'humanité.* »

Cette définition incidente n'est reproduite ici que pour marquer aussi l'importance de l'adhésion apportée par M. Marius Leblond ; mais venons au fait lui-même :

« Le régionalisme de Barcelone est un mouvement idéaliste autant qu'économique, et c'est pourquoi il ne peut s'éteindre vite, contrairement à ce que croyait Unamuno quand il s'écriait que les Catalans s'asservissaient au gouvernement dès que

____

(¹) *Paris-Midi*, 22 juillet 1917 ; *Pourquoi le Régionalisme ne peut que rapprocher l'Espagne et la France.*

celui-ci cédait à leurs exigences économiques, « vendant leur âme pour un tarif douanier ».

» Souvent on ne voit dans le régionalisme qu'un mouvement de décentralisation, mais ce n'est là que le contre-courant du courant qui est le mouvement de concentration régionale. La Catalogne est l'étape entre le reste de l'Espagne et d'une part la France, d'autre part le bassin méditerranéen. Cela même qui fait la complexité du Régionalisme le pousse plutôt aux labeurs et profits de la paix qu'à l'agitation.

» Plus la Catalogne sera libre de faire acte (et donc expérience) de personnalité intellectuelle, plus elle se rapprochera de Madrid et de Paris pour les échanges utiles, plus par là elle rapprochera Paris et Madrid pour de vastes actions communes. Les Catalans sont nos frères puisqu'ils sont les frères de nos Catalans du Roussillon : leur rôle, leurs intentions profondes ne sauraient être de nous brouiller avec nos cousins du reste de l'Espagne, mais au contraire d'être les agents plus ardents de transmission entre eux et nous, pour préparer une union de fédéralisme latin entre l'Espagne, la France, voire l'Italie.

» Pacifié par sa libération, *le mouvement catalan doit être la principale force d'élan, la principale lumière de l'union franco-espagnole* ».

Voilà qui eût fait plaisir à Mistral ! Voilà qui prouve combien les professeurs de langues méridionales, réunis en congrès le 1er juin 1914, à Montpellier, avaient raison de réclamer une place plus grande, dans l'enseignement, en faveur de la langue espagnole, dans les régions voisines de l'Espagne.

IV

L E régionalisme catalan a pour nous la valeur
d'un exemple et d'une confirmation. Et si ce n'est
pas le seul exemple que nous possédions, c'est l'un
des plus significatifs. Mais transportons-nous sur la
frontière opposée de la France, entrons en Wallonie,
et évoquons les congrès des temps de paix.

La Wallonie, province de race et de langues
françaises, partie latine de la Belgique, a connu,
sous l'impulsion de leaders tels que MM. Jules
Destrée et Maurice des Ombiaux, avant les guerres,
une effervescence nationaliste qui rappelle à certains
égards le Félibrige. Il s'agissait d'obtenir, pour
cette région, et contre le *flamingantisme* (impéria-

lisme flamand) des droits égaux à ceux dont jouis-
sait la Flandre. Au premier chapitre de ces revendications était inscrite l'insoluble question des
langues. Les Wallons réclamaient le droit de parler
le *français*, leur langue, et ils affirmaient, parfois,
la supériorité de cette langue vivante, riche d'une
littérature unique, d'un passé somptueux, promise
à un avenir conforme à cette richesse et à son histoire, sur le *flamand*, dialecte bâtard, disaient-ils,
— mais un dialecte n'est jamais bâtard — parlé
seulement par les Flamands, langue d'origine germanique.

Durant de longues années, ils ont bataillé, tenu
des congrès, multiplié les publications, pour renforcer leurs revendications. Ils allaient parfois
jusqu'à réclamer l'autonomie. D'autres, plus
hardis, n'hésitaient point à opter pour la France
elle-même et souhaitaient ouvertement l'annexion.

En France, pour des raisons de tact diplomatique, et surtout par ignorance, on persiste à ignorer ce mouvement essentiellement régionaliste.
Mais il est bon de montrer comment, du nord au
sud, et en dehors de nos frontières, en Espagne
comme en Belgique, les manifestations régionalistes sont de tendances françaises.

Dès le 11 juillet 1914 — la date vaut d'être

notée — les bons régionalistes étaient fixés d'ailleurs sur la valeur du mouvement wallon, comme ils l'étaient sur l'importance des revendications catalanes.

Un universitaire distingué, un poète toulousain, M. R. Lizop, écrivait ces lignes dont j'invoque à dessein le témoignage :

« Pour bien des questions politiques et sociales, autres que le régionalisme, on invoque à tout propos les expériences de l'étranger ; expériences profitables à coup sûr, à condition de faire la part des divergences d'esprit, des différences de race et de milieu.

» Or, nous avons, à nos frontières, un grand État, une puissance latine comme nous, qui entre résolument dans la voie des réformes régionalistes ; une puissance dont on ne parle presque jamais à ce point de vue (en dehors des milieux félibréens) et dont il faudrait parler toujours quand il s'agit de régionalisme. C'est l'Espagne. N'est-ce pas sur son territoire que l'on a vu se constituer de grands et puissants partis régionalistes ?

» Le grand mouvement catalaniste ne s'y est-il pas développé bien avant qu'il fût question de régionalisme chez nous ? Et le mot même de régionalisme n'a-t-il pas été employé pour la première fois par les grands théoriciens de ce mouvement qui ont, bien avant nous, étudié tous les problèmes qu'il évoque?

» Certains objecteront peut-être qu'il est dangereux de chercher des exemples chez un pays classé comme pays en « décadence ». Mais le régionalisme n'est-il pas, malgré quelques excès séparatistes bien moins dangereux qu'on ne croit, une des formes du beau réveil de l'Espagne auquel nous assistons? Et cette décadence n'était-elle pas en partie le fruit de la lourde centralisation que la Maison d'Autriche fit peser sur ce pays? ([1]) »

M. R. Lizop ne s'était donc point mépris sur l'importance de la question, au point de vue régionaliste.

Quant au mouvement wallon, il n'est pas d'origine récente : dès 1830, il se manifeste sous la forme la plus violente : protestant contre la domination néerlandaise, la Wallonie demandait catégoriquement l'annexion à la France. Depuis, Liège, Namur, Charleroi ont été les centres de la résistance francophile, en Belgique.

Il n'est pas nécessaire de tourner de nombreuses pages, dans le livre, aujourd'hui taché de sang, où l'histoire du peuple wallon est écrite, pour recon-

____

([1]) *Nos provinces*, Paris, 11 juillet 1914.

naître ses tendances. Me permettra-t-on de recopier ici une page écrite pour un journal français, dans le courant de 1914 ? Je la retrouve sous la poussière des manuscrits oubliés ; elle est détachée d'une étude au cours de laquelle j'avais fait, pour le public français, un bref historique du mouvement wallon, parallèlement au mouvement flamingant.

On pressentait déjà le grand conflit européen ; on ne pouvait savoir comment il éclaterait. On verra par cette page fidèlement transcrite que je me trompais grossièrement. Je n'y vois d'ailleurs nulle honte ; s'il faut du moins s'en excuser, ce sera, si possible, en montrant qu'on ne s'était pas trompé partout.

« Loin de voir dans le mouvement wallon, écrivions-nous, des sources de conflits, loin de voir dans les revendications de ses adhérents les plus sages l'expression d'aucun égoïsme provocateur, et loin d'y voir le début d'une crise révolutionnaire qui pourrait bien mettre le feu aux poudres emmagasinées avec tant de soin dans les divers arsenaux dont ne cesse de se munir l'Europe entière, — j'y veux voir la dernière phase d'une évolution vers la conciliation. »

Il faut lire : conciliation des mouvements flamand

et wallon sur de mêmes principes. Mais copions plus avant :

« Au mouvement wallon adhèrent, en effet, de nombreux Flamands. Wallons et Flamands montrent donc ainsi qu'ils pourraient aisément trouver le chemin de l'entente et le dogme de l'union. Le Wallon, dit M. Albert Mockel, est de même race que l'habitant de nos Ardennes. Oui. Mais le Flamand, s'il s'approche du néerlandais, est aussi de même race que l'habitant de notre Lille et des pays environnants. Tous deux pourraient s'accorder comme deux frères. Et c'est précisément ce que souhaitent les Wallons.

» Leur mouvement est rationnel en même temps que national. S'il est favorable à l'influence française, c'est que l'équité veut qu'il en soit ainsi. Non moins que les Flamands, les Wallons ont désormais le désir de rester Belges, — par raison diplomatique. Et il faut qu'ils le restent.

« Or ils ne le resteront pas longtemps, si se maintient le *statu quo*. Car ce que la grande majorité des Wallons et certains Flamands ont aisément compris, la plupart des Flamands — les flamingants — ne veulent pas l'entendre. »

J'ajouterai aujourd'hui : il faut qu'ils le restent dans l'intérêt du système fédéraliste. D'ailleurs,

nombreux sont les écrivains français de race fla-
mande qui ont mis leur talent au service de la
langue française. La langue de Rabelais et de Cha-
teaubriand ne sera jamais proscrite au pays de
Maeterlinck et de Verhaeren.

Nous laisserons aux Belges eux-mêmes, le soin
de régler entre eux ces affaires d'ordre intime. Après
le passage et la dure pression de l'ennemi, ne dou-
tons pas que ce soit la cause française qui l'emporte.

V

LA SOCIÉTÉ DES NATIONS

Ainsi, les manifestations régionalistes de chez nous correspondent, au delà de nos frontières politiques, à d'autres manifestations qui procèdent des mêmes causes, des mêmes intérêts, des mêmes aspirations. Ainsi le Régionalisme français déborde le cadre d'une fédération intérieure des provinces et des forces vives de la nation. Les événements auront précipité une évolution qui ne pouvait plus ne pas se produire.

Si on a invoqué les deux exemples opposés de la Catalogne et de la Wallonie, c'est que, ici et là, les tendances régionalistes sont formelles et favorables à la France. C'est vers la France que convergent les tendances fédéralistes d'origines régionalistes.

La fédération des régions, ou provinces, ou départements, organisée à l'intérieur des *nations*, pourquoi ne pas prévoir une organisation procédant du même principe fédéraliste entre les nations ?

L'idée d'une fédération des États-Unis d'Europe est ancienne ([1]). Dès le début du grand conflit, certains avaient préconisé cette solution : la guerre pouvait y aboutir. Mais la crise a trop duré ; l'antagonisme, au lieu de s'aplanir, s'est trop approfondi entre les deux groupes de belligérants. On ne peut envisager, pour le moment, la possibilité d'un accord aussi intime que doit l'être celui-ci entre les pays aujourd'hui ennemis. Ce serait, d'un côté comme de

---

([1]) M. Charles-Brun a eu l'occasion d'en faire l'histoire (Cf. *Le Drapeau Bleu*, par Charles-Brun et Jean Hennessy, éd. de *L'OEuvre*, 1918). L'idée de Fédération peut se retrouver en Grèce, selon l'historien Strabon et Montesquieu ; puis l'Empire d'Occident de Charlemagne; la Confédération Germanique; la Confrérie Universelle du pape Paul II (1470) ; le fameux projet que Sully a attribué, faussement sans doute à Henri IV, dans les *OEconomies Royales* ; puis l'abbé de Saint-Pierre, Montesquieu, Rousseau, — pour s'en tenir aux siècles historiques donnent de nombreux témoignages relativement à l'ancienneté de cette idée.

l'autre, trahir nos morts. Il y a des fleuves sur
lesquels on ne jette pas de ponts : ce sont les
fleuves qu'un sang héroïque a rougis pour longtemps.

La Société des Nations : bel idéal, mais dont je regrette de ne pas entrevoir la prochaine réalisation !

Il faut d'abord ressusciter la nation ; on a trop
fait fi de ce fameux principe des nationalités, depuis
de longues années, pour qu'il puisse être rétabli en
quelques mois, en quelques années. Il faut d'abord
résoudre les questions de l'Alsace-Lorraine, de la
Pologne, de la Bohême, les questions des Balkans,
et beaucoup d'autres. Ensuite il faudra réorganiser
les nations elles-mêmes.

La méthode régionaliste a été élaborée pendant
la paix en faveur de cette réorganisation pour l'ordre
et la paix intérieure. Nous l'avons reprise, pendant
la guerre, pour le rétablissement et la prospérité
de la paix. Quand nous aurons remis de l'ordre
chez nous, nous pourrons penser à en aller mettre
au dehors. La France continuera ainsi sa mission
civilisatrice. Elle tendra alors ses bras par-dessus
les frontières nationales. Elle appliquera aux peuples
voisins le principe fédéraliste en vertu duquel elle
aura rétabli son organisation, et sa force.

Telle est du moins l'interprétation des signes
d'agitation fédéraliste manifestée par certains ré-

gionalistes que nous proposons. On a montré comment ils en sont venus à cet idéal. Mais il ne s'agit encore que d'un idéal. Et je ne puis me permettre d'aborder ici l'étude qui m'est proposée en vue de l'établissement de la « charte des Nations ». Il s'agit du maintien de la paix. Et nous ne pouvons oublier que nous sommes encore dans la guerre, en ce 1918. Un homme politique peu suspect de nationalisme, M. M. Ajam, écrivait en 1917 :

« Voilà les destinées de l'internationalisme singulièrement rétrécies dans l'avenir. Les peuples civilisés qui contiennent l'orgueil teuton seront obligés, après avoir été soldats, de demeurer gendarmes et de ne dormir qu'avec un œil ouvert.

» Ce n'est pas, si vous le voulez, la faillite totale, complète et définitive de l'humanitarisme. C'est son ajournement prolongé. »

M. Ajam semble avoir raison, dans ce débat.

Il s'accorde d'ailleurs avec bon nombre de nationalistes.

Une doctrine de paix n'est pas fatalement contraire aux intérêts d'un pays. Mais il faut faire distincte la part de la patrie et celle de l'humanité. Que s'il est possible de concilier un jour les ambitions idéales de celle-ci et les intérêts de celle-là, chacun saura s'en réjouir.

Mais nous ne nous laisserons pas imprudemment séduire par le sourire engageant des utopies les plus agréables et nous ne renouvellerons pas les errreurs internationalistes.

Certes, nous n'avons pas le droit d'annoncer la faillite du plus beau des rêves, car beaucoup de Français ne sont allés à la bataille que pour sauver la terre promise d'où leur patriotisme les inclinait à croire que viendrait, à son heure, la réalisation. Beaucoup ne se sont sacrifiés que parce qu'ils portaient au fond de leurs grands cœurs le feu enthousiaste de cette conviction libératrice qu'ils faisaient la guerre à la guerre et que leur sang versé équivaudrait à la plus joyeuse des rédemptions. Et nous devons respecter de tels sacrifices. Nous devons respecter les croyances de ces héros naïfs. Leur reprocherions-nous d'avoir nourri cette illusion partagée, un moment, par tous les Français, que l'Allemagne serait non seulement vaincue mais écrasée à tout jamais, et que sur les ruines de cet empire nous pourrions établir le régime pacifique des États-Unis d'Europe ? — L'harmonieuse utopie ! Elle fleurit dans le fond obscur de nos pensées comme une pervenche couleur de ciel sous la guirlande épaisse de ses feuilles.

En quoi de telles illusions sont-elles criminelles ?

Et de quel droit les condamner ? Un jour, peut-être, elles triompheront des obstacles barbares ; et la réalité sera plus belle encore que le rêve lui-même. Il n'y a rien, dans ce rêve, qui soit incompatible avec la notion de patrie. De même que nous prétendons exalter le sol natal de chacun en réalisant la fédération des régions françaises dans une union encore plus indissoluble, quel tyran saurait interdire à ceux qui font profession de prédire et d'organiser les destinées des peuples d'imaginer l'établissement d'un régime semblable entre les nations ? Elles resteraient intégralement constituées ; elles ne cesseraient point de représenter « le maximum de groupement puissant, coordonné et harmonieux auquel l'humanité puisse attteindre » (¹) ; mais une loi générale les allierait dans le pacte d'une même formule humaine, en raison de leur communauté d'intérêts et d'aspirations. — On n'échappe point à la séduction d'un tel rêve, à moins d'inhumanité.

Mais il n'est pas nécessaire, assurément, pour préparer ce brillant Eldorado des peuples, de détruire à plaisir la notion de patrie, qui doit rester intacte au cœur des hommes d'une même race, parce

---

(¹) J'ai déjà cité ailleurs cette phrase de M. Gabriel Boissy : elle définit parfaitement la nation.

qu'elle représente le seul lien de solidarité capable
de les unir encore, et parce qu'il faut bien que la
construction du plus vaste palais s'appuie tout de
même sur le pillier d'une réalité. Et ceux-là qui la
nient sont les plus criminels, parce qu'ils sont ceux
qui s'opposent le plus obstinément à l'éclosion de
leurs projets : comme une mère avortée, ils étouffent
en eux l'harmonieux embryon qu'ils ont conçu.

LE RÉGIONALISME APPLIQUÉ A L'ENSEIGNEMENT

(APERÇUS)

Au nombre des revendications régionalistes, dans le domaine intellectuel figure la question de la réforme de l'enseignement. Trop de travaux ont été publiés sur ce sujet pour qu'il soit besoin d'en rappeler les fondements. Toutefois, là encore il faut prendre position. Et comme en de telles matières, c'est à ceux dont l'expérience a été une épreuve, qu'il faut faire crédit. Ce chapitre sera donc plutôt le résultat d'une enquête qu'une suite de considérations originales. Il a sa place ici, tout en étant indépendant du gros de cet ouvrage.

Avec mon collaborateur et ami Pierre Massoni, et en vue d'une proposition de loi future, dès l'automne 1916, nous nous sommes mis au travail, en décidant d'interroger les personnalités dont les travaux antérieurs font l'autorité, selon leurs compétences personnelles.

Et notre enquête a porté sur chacun des trois degrés de l'enseignement : primaire, secondaire, supérieur. J'ai pensé, un moment, à y adjoindre la question de l'apprentissage. Mais elle est si complexe qu'elle ne saurait trouver les développements qu'elle comporte dans le cadre d'un chapitre aussi général que doit l'être celui-ci.

A L'ÉCOLE PRIMAIRE

C'EST une conviction désormais assez courante : l'enfant, voire l'adulte, ignore trop le pays où il vit : s'il connaît par cœur — ou du moins on la lui enseigne — la liste des rois de France, il ignore l'histoire de sa région, le rôle qu'elle a tenu dans l'histoire, son passé, ses beautés, ses curiosités, ses richesses. La lacune est évidente. Interrogez à cet égard un instituteur averti — il y en a — il ne fera aucune difficulté pour reconnaître que les programmes scolaires ne contiennent aucune clause à ce sujet.

M. Jovelet, qui a fondé, voici plusieurs années, la Société de l'Histoire locale à l'École, était l'un des plus qualifiés, parmi les maîtres de la jeunesse des écoles, pour nous exposer et les moyens de parer à cette lacune, et sur quelles bases les programmes pourraient être revisés.

« D'abord, nous a-t-il déclaré, pourquoi n'emploie-t-on pas pour l'enseignement de l'histoire la méthode employée pour tous les autres enseignements : je veux dire la méthode qui procède du *connu* à l'*inconnu* ? »

L'enfant, au milieu de la complexité confuse de son bagage intellectuel, a toujours certaines données plus ou moins précises sur le passé du pays natal. Ce sont donc ces connaissances que le maître s'efforcera de développer afin d'étayer sur elles les matériaux de son enseignement purement local.

Or, sur ce terrain, l'instituteur trouvera dans les vieilles légendes locales des auxiliaires précieux. Point de pays qui n'ait la sienne, transmise de bouche en bouche par les générations successives, sans que personne le plus souvent en connaisse l'origine. Eh ! bien, c'est en retrouvant cette origine, en l'expliquant à ses élèves que le maître éveillera leur imagination et découvrira à leurs jeunes cerveaux la valeur passée et oubliée de leurs aïeux, les événements souvent importants pour la contrée qui s'y sont déroulés, et, partant, l'avantage qu'ils ont à les connaître. Or ce n'est point le cas, peu rare, hélas !

dans nos campagnes, de ces paysans semi-cultivés qui connaissent les noms de tous les Papes mais ignorent que tout près de chez eux, est né il y a bien longtemps, tel général qui se distingua dans des guerres dont on leur a parlé de façon hâtive, sans les y intéresser.

A ce sujet, M. Jovelet nous indique clairement la marche à suivre par un exemple : à Wimeux, dans le Wimeux, petit pays de Picardie, renommé aujourd'hui encore par ses serrureries, un homme vint se fixer il y a plusieurs siècles qui installa à l'église et plus tard au château un mode de fermeture tout nouveau, constituant sur les anciens loquets d'alors un réel progrès. Cet homme dont le nom, malheureusement, ne nous est point parvenu, enseigna aux gens du pays l'art de la serrurerie, en y montant lui-même une petite forge.

Or, interrogez les habitants sur l'origine des fabriques de serrures du bourg, personne ne saura vous répondre.

Voilà une lacune que l'enseignement de l'histoire tel que le conçoit M. Jovelet fera disparaître. N'est-il pas aussi utile pour les habitants de ce petit centre industriel, de connaître cette particularité que de savoir que, durant la Fronde, Mlle de Montpensier fit tirer sur les troupes royales le canon de la Bastille ?

Toutefois, n'oublions pas d'éviter l'erreur contraire. L'histoire locale ne doit point être enseignée *seule* à l'exclusion de l'histoire générale, d'autant qu'elles doivent s'entr'aider l'une l'autre pour le plus grand bien, et de la petite patrie et de la grande.

Le maître pourra ainsi, au cours d'une leçon d'histoire générale, amener la question de l'histoire locale, mais, en ne citant que des faits prouvés par des archives ou des documents sérieux, et, d'un autre côté, l'histoire locale aidera à l'enseignement de l'histoire générale, en intéressant l'élève par des faits dont son pays fut le théâtre et se rapportant à l'histoire nationale.

Ce que nous a dit pour l'histoire M. Jovelet, M. Philippon, Inspecteur général honoraire de l'Enseignement primaire, devait nous le répéter pour la géographie et l'enseignement des Sciences :

Les Sciences, en effet, selon lui, doivent être enseignées au *point de vue concret* d'après les ressources et la nature du pays.

Toutefois les idées générales et fondamentales, communes à toutes les sciences, seront, bien entendu, inculquées aux élèves en premier lieu.

« Un exemple : l'arithmétique. Un maître d'école de Bretagne enseignera à ses élèves les quatre règles ou le système métrique de la même façon qu'un de ses confrères du Languedoc. La capacité du maître ne varie point d'une contrée à l'autre. Mais quand il en viendra aux discussions et aux problèmes, le système régionaliste pourra être appliqué. Si la classe comprend de jeunes Normands, je suppose, les sujets de problèmes seront empruntés à la vie normande : Il a été vendu tant d'hectolitres de cidre, une falaise a telle hauteur et ainsi de suite.

» Pour la géographie, la méthode sera la même. Notions générales quand l'élève débutera, enseignement plus spécialisé ensuite ; qu'il y ait un professeur de géologie dans chaque pays, mais que ce dernier ne vienne pas se renseigner à Paris comme cela se fait trop souvent.

» On devra s'appliquer avec soin à étudier chaque province, chaque pays en particulier de façon à attacher l'enfant au sol natal, en lui en faisant connaître les ressources et les beautés. Devenu homme, cet enfant éprouvera moins l'envie de quitter son terroir, et sera plus à même d'y employer sur place son activité.

» Par ce moyen, et en utilisant intelligemment cet enseignement, on pourra dans une mesure efficace enrayer l'exode des populations rurales et provinciales vers les grands centres, et rendre ainsi au Régionalisme de signalés services. »

Il a fallu beaucoup de temps pour faire prévaloir ces idées justes chez un petit nombre de membres du corps enseignant. Il en faudra plus encore pour faire aboutir leurs revendications. L'ouvrage de M. de l'Estourbeillon, député, sur *Le Régionalisme dans l'Ecole primaire* (Rennes, 1912) précisait déjà certaines de ces revendications. Et telles elles se présentaient en 1912, telles elles se présentent encore en 1918.

Tout cela, d'ailleurs, concerne les méthodes. Quant aux principes, ils sont plus complexes.

L'une des premières revendications, dans l'ordre de l'enseignement primaire, est la suivante : Après avoir été soumis à l'autorité des recteurs d'universités, les instituteurs ont été placés sous l'autorité des Préfets : situation incohérente à tous égards, abus de pouvoir formel, inconvénients d'ordre politique qui ne sont que trop souvent reproduits. La majorité des instituteurs réclame le retour à l'autorité universitaire. Et une fois de plus, sur la proposition de M. J. Ernest-Charles, au Congrès de 1917, la Fédération Régionaliste française émettait un vœu en ce sens.

Enfin, à titre documentaire, j'ajoute que certains

instituteurs réclament l'autonomie des méthodes et
des écoles : projet de la plus haute importance, qui
soulève quantité d'objections, plus politiques que
relatives au sujet qui nous occupe, et que nous ne
pouvons qu'indiquer[1]. Chacun s'accorde d'ailleurs
à reconnaître que, dans ses applications à l'enseignement comme en toutes choses, « la grande vertu
du Régionalisme est dans le principe de la *diffé-
renciation* ».

Il est d'ailleurs curieux de remarquer à ce propos
que les revendications *régionalistes*, en matière
d'enseignement, correspondent généralement aux
revendications *syndicalistes* : peut-être parce que la

---

[1] Voir à ce sujet : *L'École nouvelle* (Delagrave, éd.), —
La Revue de l'Enseignement, — *L'École Émancipée*, etc... et,
dans la collection de *La Vie Ouvrière* :

7	5	janvier	1910	R. Lafortune
13	5	avril	1910	Jean Picton
14	20	avril	1910	James Guillaume
n° 43	5	janvier	1911	G. Airelle
51-52	5-20	nov.	1911	"
59-60	5-20	mars	1912	Georges Airelle
63	5	mai	"	A. Thierry
69	5	août	"	"
n° 80	20	janvier	1913	A. Thierry
86	20	avril	"	"
95	5	sep.	"	"

majorité des instituteurs qui se sont occupés de la
question appartènaient à l'école syndicaliste : les
seuls, il faut le dire, qui aient jamais pris leur
rôle au sérieux et n'aient pas transformé leur enseignement en propagande électorale...

II

DANS LES LYCÉES ET COLLÈGES

Un effort sérieux devra être tenté également pour l'enseignement secondaire. Ici la question, d'ailleurs, devient plus délicate et je ne l'exposerai point dans son ensemble. Notre enquête n'aura sur ce point que la valeur d'une contribution... On remarque toutefois, et d'une façon générale, que le programme de 1902 a donné des résultats assez funestes, notamment dans l'enseignement des langues vivantes.

Et nous avons interrogé sur cette question précise M. Dibie, Président de l'Association pour l'enseignement des langues méridionales. Les vœux présentés au Congrès tenu par l'association en

1914 (¹) précisent son programme, et M. Dibie nous les rappelle.

Chacune de nos Régions françaises a des analogies plus marquées avec l'un ou l'autre des Pays étrangers limitrophes à ces Régions. Cela tient à la situation de la France placée entre nations ethnographiquement différentes.

On se basera donc sur cet état de choses pour l'Enseignement des langues vivantes, si bien que, dans une Région, la place d'honneur, le droit de priorité seront donnés à la langue du pays avec lequel la dite Région a le plus d'affinités. Et la raison en est bien simple autant que logique : on « comprend » mieux, au sens le plus profond de ce terme, un idiome auquel nous prédestine déjà la race ou des coutumes séculaires.

Mais citons quelques exemples :

M. Dibie, tout naturellement, prend comme premier de ces exemples, l'enseignement de la langue espagnole. Or, pour être raisonnable, ce sera dans la Région de notre Sud-Ouest, que cette langue sera enseignée avec droit de préséance sur les autres.

(¹) Voir le Bulletin de la Société d'Etudes des Professeurs de Langues méridionales (Mai-Juillet 1914), édité par M. Boussagnol, professeur au lycée de Carcassonne.

Au lieu du non sens actuel, qui consiste à enseigner l'espagnol à la même heure dans tous les lycées et collèges, et de la même façon stérile, nous aurons d'après notre système un cours extrêmement approprié. Le Professeur (qui sera pris parmi les spécialistes les plus éprouvés en la matière) ne se bornera pas à dire à ses élèves que, pour traduire notre verbe « être » par exemple, deux termes sont nécessaires en espagnol, « ser » lorsqu'il s'agit d'un état permanent, et « estar » quand cet état n'est que passager. Ceci est du domaine banal qui peut s'appliquer à tout enseignement à *priori*.

Au contraire, le Maître, après les inévitables leçons de syntaxe, habituera ses élèves à la lecture et à la traduction des auteurs espagnols. Là aussi, il devra éviter tout travail machinal pour donner à son enseignement une portée féconde. C'est-à-dire avec un texte d'auteur en main, il en montrera les beautés à ses élèves, avec la portée morale. Supposons-le un instant, en train d'expliquer et de commenter du Cervantès. Il disséquera sous les yeux de l'élève le personnage de « don Quijote de la Mancha », lui montrera combien, sous les apparences comiques du héros, se cachent des enseignements de haute portée morale. En un mot, il lui en fera goûter « la substantifique moëlle ».

Mais ce système ne sera susceptible de porter des fruits que parce qu'il sera appliqué sur des gens ayant déjà dans le sang, si l'on peut s'exprimer de la sorte, le germe de ces beautés, car l'affinité de race a engendré une pensée identique. Maintenant, dira-t-on, quelle sera la part des autres langues ? A cela nous répondrons, avec M. Dibie, que le rôle secondaire leur sera attribué, rôle confié à une étude précise, rapide, mais non frivole. On n'ira pas très à fond. Conçoit-on, par exemple, un cerveau catalan obligé de s'appesantir sur les rouages compliqués des tournures allemandes ? Mais puisque nous parlons de l'allemand, disons aussi qu'il n'est point à négliger pour des raisons d'ordre national, et ce que nous demanderons seulement à nos élèves, ceux du moins des pays méridionaux, ce sera une connaissance suffisante pour s'exprimer en cette langue.

Quant à l'anglais, nous lui ferions partager le choix avec l'allemand ou l'italien.

Mais puisque nous avons cité les Régions de « langue espagnole obligatoire », poursuivons pour les autres : la Région du Nord-Est se verrait, elle, imposer l'allemand comme langue principale. L'anglais se verrait enseigné de préférence dans les pays riverains de la Manche où les rapports sont si fréquents avec la Grande-Bretagne. Enfin, le royaume de l'italien serait la région du Sud-Est (Dauphiné, Savoie, Provence, Corse).

Pour être complets, gardons-nous d'omettre les Provinces françaises qui n'ayant point de centre de gravité hors des frontières, ont leur personnalité propre. Telles sont par exemple la Bretagne ou le Pays Basque.

M. Dibie ne voit aucun inconvénient à l'institution de cours de breton ou de basque, qui attacheront si possible encore plus les habitants à leur sol si particulier.

Mais qu'on ne vienne point crier au fédéralisme, au danger de démembrement. Au contraire, nous sommes fermement convaincus que cette méthode, en augmentant chez chacun l'amour de sa Province, et en le faisant pénétrer au cœur du pays voisin, n'aboutira qu'à un but, celui que nous poursuivons tous ; la consolidation des biens qui unissent l'ensemble si disparate de nos Provinces.

III

L A même théorie des différenciations que nous avons trouvée à la base des principes d'une réforme de l'enseignement primaire s'impose à nous lorsqu'on envisage la réforme de l'enseignement supérieur. On a souvent réclamé l'autonomie pour nos universités régionales. On la réclame encore. Les travaux fournis sur la matière abondent. En 1913, la Société d'Enseignement Supérieur que préside M. Alfred Croiset ouvrait une enquête fort intéressante sur les « moyens de rendre nos universités vraiment régionales ». Des rapports fort documentés ont été fournis sur la question, à cette occasion, par MM. Hauser, Girault et Leclerc (¹).

______

(¹) Ces rapports ont été publiés par la *Revue de l'Enseignement Supérieur* (1913). — Signalons aussi les rapports

Mais il n'est rien de plus précis, que le clair exposé présenté sur le rôle de l'Université dans la région par M. Benoist, recteur de l'Académie de Montpellier, dans le discours qu'il prononçait en 1900, à la rentrée des Facultés. Jamais ce rôle n'a été envisagé d'un œil plus perspicace et plus éclectique à la fois. Je n'aurai rien à ajouter à l'analyse de ces propos : bien que la revision générale des programmes ait été faite deux ans après, les vues offertes en 1900 par M. Benoist sont encore très actuelles (¹), le temps n'a fait que creuser

---

présentés au Sénat par M. Steeg, sur le budget de l'Instruction Publique. Le rapport de l'exercice 1909 contient notamment une étude sur *les Universités et la Vie Régionale*, qui est à signaler.

(¹) Les délégués méridionaux au Congrès de la Fédéraration Régionaliste Française en 1917 (MM. J. Amade, F. Jean-Desthieux, L. de Nussac, Ernest Pezet, J. Plantadis, Marcel Provence, Henri Rouzaud) ont à nouveau voté la motion que nous reproduisons :

Les régionalistes méridionaux congressistes demandent l'autonomie des Universités ; l'organisation d'un enseignement supérieur ayant pour base l'histoire, l'art et la langue de chaque région ; la création de relations d'enseignement établies entre la France et les nations latines, par nos universités mériodionales pour le plus grand bien de l'influence française ; ils demandent enfin que l'on favorise d'une manière de plus en plus intensive la vie intellectuelle provinciale.

plus profond le malentendu initial. L'effort à tenter ne devient que plus urgent...

Les idées émises par le recteur de l'Université de Montpellier ont été soutenues si souvent, depuis, qu'aujourd'hui son exposé a perdu un peu de son originalité. Peu, toutefois ; et l'important, à ce sujet, c'en est l'exactitude. Elle ne se conteste pas. Les Universités accusent toutes une forte tendance à se spécialiser : les besoins, les aspirations, les industries des régions où elles sont placées déterminent cette tendance. Il faut que les Universités provinciales puissent vivre. Or, elles recrutent leurs élèves dans les régions qu'elles commandent au point de vue intellectuel. Si elles ne leur offrent pas un enseignement approprié à leurs besoins, c'est la faillite. Et c'est ainsi qu'on a vu successivement les Universités de Lyon, Nancy, Lille, Bordeaux créer des chaires de chimie appliquée ; Grenoble s'est dotée d'écoles d'électricité industrielle ; Besançon a institué un certificat de chronométrie ; il existe à Lyon une école de tannerie, à Nancy un laboratoire de tannerie. Dijon, Toulouse, Bordeaux ont leurs stations agronomiques. Des laboratoires maritimes ont été créés dans les universités voisines de la mer. Et dans les facultés des lettres, l'enseignement historique et littéraire s'est également régionalisé.

Bordeaux et Toulouse ont des cours d'espagnol ; Grenoble un cours d'italien. A Aix, à Montpellier, à Toulouse, on enseigne les langues de la France méridionale. A Lille on enseigne le picard et le wallon. A Rennes, la langue et la littérature celtiques sont enseignées avec toute sa haute autorité par M. Anatole Le Braz. Dijon a un court d'art bourguignon. Clermont a un cours d'art roman auvergnat, Caen un cours d'art et de littérature normands.

Dans les Facultés de droit, la même tendance se manifeste aussi.

C'est une réaction à peu près générale contre la tendance à l'uniformité. Toutes les Facultés provinciales cessent d'être des succursales de la Sorbonne. Elles veulent vivre d'une vie particulière. C'est leurs intérêts qui les y inclinent.

Depuis l'époque où M. le Recteur Benoist marquait à Montpellier la nécessité où sont les Universités de se *régionaliser*, le mouvement n'a fait que s'étendre. Et l'on peut dire que, pour une forte part, l'influence régionaliste est due aux Facultés.

« Il appartient aux Universités, disait M. Benoist, de chercher de concert avec les membres des sociétés locales une organisation. Si en matière d'érudition l'Allemagne occupe le premier rang, elle ne le doit pas à la supériorité de ses savants (car la France n'a rien à envier à personne) ; elle le doit à l'organisation méthodique du.travail. Or, cela peut s'imiter, et il dépend des Universités que nous regagnions le temps et le terrain perdus. Elles ont beaucoup à apprendre deséudits qui, par patriotisme local ou par amour de la science, fouillent les archives, et qui, libres de leur temps, peuvent pousser leurs recherches en tous sens. Ceux-ci, à leur tour, sous l'influence de nos professeurs, consentiront peut-être à ne pas trop disperser leurs efforts. Si les savants universitaires et extra-universitaires s'entendaient sur un commun programme d'études, ils pourraient entreprendre avec des chances de succès une enquête sur l'histoire, sur la géographie, sur les dialectes de toute une région, et le recueil où paraîtraient leurs travaux trouverait des lecteurs ; j'en suis sûr, non seulement dans cette région, mais dans tout le monde savant. »

Cette enquête a été faite partiellement. Depuis quelques années, on s'est mis à rechercher, ici et là, les raisons d'attachement au territoire natal. Et ces recherches ont donné des résultats fort intéressants. Mais l'enquête générale que souhaitait le recteur de l'Université de Montpellier en 1900 reste encore à faire en 1917.

Les régionalistes ont toujours été d'avis que, du développement des Universités provinciales dépendait pour beaucoup le développement intellectuel et moral des régions. D'ores et déjà, un certain nombre de Facultés semblent condamnées : elles n'ont ni assez d'élèves, ni assez de ressources, ni assez d'influences pour justifier leurs efforts. Si leur suppression doit entraîner le développement des Facultés voisines, pourquoi hésiter ? L'exemple de l'Université de Poitiers est à ce point de vue tout à fait typique. Supprimer ce qui est superflu ou ce qui tend à disparaître pour renforcer la vie de ce qui subsiste et de ce qui pourrait prospérer, a toujours été un principe essentiellement régionaliste.

Il ne s'agit point d'éparpiller des forces et des valeurs sur l'ensemble du territoire, mais de favoriser l'épanouissement et l'essor de ces valeurs ou de ces forces qui sont autant de richesses là où elles ne demandent qu'à croître. L'autonomie réclamée pour les Facultés depuis si longtemps permettrait une élimination tout à fait radicale, en ce sens : ce serait faire une expérience heureuse que la leur accorder. On verrait alors, exactement, où les facultés sont nécessaires, et où elles sont inutiles (¹).

____

(¹) Consulter sur ce sujet : *Comment « régionaliser » nos universités régionales*, les rapports de MM. Henri Hauser et

Au point de vue politique et fédéraliste même, l'opportunité des réformes que nous souhaitons ne laisse pas d'apparaître. Les mêmes vœux que nous formions pour l'enseignement secondaire avec l'association des Professeurs de langues méridionales, on peut les renouveler pour l'enseignement supérieur.

J'ai cité d'autre part, à propos des relations franco-catalanes, M. Marius Leblond. Cet écrivain disait encore, sur le même sujet :

« Souvent les gouvernements parisiens ont été myopes et sordides : ils auraient dû créer à Perpignan une Université, centre d'études catalanes et hispaniques et d'arts locaux pour l'émulation d'une plus vive activité économique, de plus fructueux échanges ; faute de cela Perpignan, sentine d'un régionalisme d'orphéon départemental, dépérira, anémiant et empoisonnant le sud de la France ».

Et le sud de la France ne sera pas seul empoisonné.

On subit aujourd'hui les funestes effets de la réforme mal étudiée de 1902. On les subira encore

---

Arthur Girault, parus dans *La Revue Internationale de l'Enseignement*, 1916.

longtemps sans doute, car il ne semble point qu'on soit décidé, au Ministère de l'Instruction Publique, à revenir sur des règlements que tous les maîtres clairvoyants avaient condamnés dès leur apparition.

IV

LA QUESTION DES LANGUES

Au-dessous d'elle et simultanément à la question de la régionalisation de l'enseignement, il en est une autre, qui a préoccupé bien des esprits, qui a partagé bien des avis, et dont il est nécessaire de parler. C'est la question des langues. Car il y a, en France, une question des langues.

Depuis les temps anciens (1870) où trois hommes d'initiative : le comte de Charencey, M. H. Gaidoz et M. Charles de Gaulle adressaient au Corps législatif une pétition en faveur des langues provinciales et demandaient la création de chaires de langues et littératures régionales à Aix (provençal), à Bordeaux (basque), à Caen (normand), à Dijon, à Douai (flamand), à Grenoble, à Montpellier (languedo-

cien), à Nancy, à Rennes (breton), à Strasbourg
(allemand) et à Toulouse, des progrès ont été faits
dans cette voie.

Les auteurs de la pétition demandaient en
outre :

« En ce qui concerne *l'enseignement primaire,*
l'autorisation pour les maîtres et maîtresses d'écoles
communales exerçant leur profession dans des communes où l'on parle une langue autre que le français, de se servir de l'idiome provincial afin d'enseigner le français aux élèves, et d'employer dans
leur enseignement des livres rédigés dans l'idiome
provincial ;

» L'autorisation pour les maîtres d'enseigner, aux
élèves qui le désireraient, à écrire et à parler correc-
tement l'idiome provincial ;

» Enfin l'obligation pour les maîtres ou maîtresses d'écoles qui seront nommés à partir de
l'année 1875, de justifier, par un examen spécial,
de leur connaissance de la langue de la province. »

Telle est la théorie qui s'est propagée depuis
sous l'étiquette de théorie de l'enseignement *bilingue.*
De grands savants et philologues l'ont adoptée et la
préconisent. En Provence, notamment, un érudit
dont la renommée ne s'est guère étendue au delà
des limites de sa région, a fourni aux instituteurs

provençaux désireux de *régionaliser* leur enseignement les premiers éléments d'une méthode excellente.
C'est M. Savinien, et c'est la méthode « savinienne ».
L'œuvre scolaire de Savinien, qui comprend cinq
livres d'une gradation · parfaite, va de l'élément
verbal, du mot lui-même, en passant par l'exercice
élémentaire, le récit et le poème d'éducation aux
chants anthologiquement choisis de la littérature
provençale. Un tel instrument, son maniement, son
application progressive à l'enseignement bilingue.
Voilà bien, semble-t-il, ce que l'initiateur et ses
disciples ont le droit légitime d'appeler la « Méthode Savinienne ».

Il est fâcheux qu'il ne se soit pas encore trouvé
un Savinien dans chacune des provinces où fleurit
un idiome particulier.

En ce qui concerne l'enseignement secondaire,
la pétition réclamait en outre « la création dans
chaque lycée et collège de l'Est d'une chaire où
serait enseignée la langue provinciale parlée dans le
ressort de l'Académie. L'étude de ces idiomes pourrait compter pour les élèves, lors de l'épreuve du
baccalauréat, autant que celles des langues vivantes ».

Un poète, qui est aussi un universitaire de noble
carrière, M. Emile Ripert, rappelait récemment que

« Mistral, sous le pseudonyme de Gui de Mont-
Pavon, dans l'Armana de 1875, faisait déjà cette
demande :

« Pour avoir, disait-il, le diplôme de bachelier il
» faut subir un examen sur une langue étrangère.
» Nous demandons que l'écolier, s'il veut choisir ia
» langue d'oc puisse être examiné et reçu comme les
» autres. Le résultat, croyons-nous serait plus satis-
» faisant que de lui faire bredouiller quelques bribes
» d'hébreu ou d'espagnol » (¹).

Puisqu'on a donné droit de cité aux langues
provinciales dans les Facultés, pourquoi leur refuser
le même droit dans les établissements de l'enseignement secondaire ? L'enseignement de ces langues
ne cesserait pas d'y être absolument facultatif. Mais
rien, aucun argument ne justifie cette exclusion.
Là où l'on enseigne ces langues mortes : le grec et
le latin, là où l'on forme de jeunes intelligences, des
intellectuels soucieux de ne rien ignorer de la formation exacte de leur langue, du parler français,
pourquoi bannir les langues provinciales qui précisément ont subi les transformations et les transi-
tions progressives du latin (mélangé au celte en cer-

____

(¹) *Le Feu*, 15 août 1917.

taines provinces) vers le français de nos jours ? Les philologues n'ignorent rien de la valeur de ces langues dont la pratique élargirait les connaissances de ceux de nos bacheliers à qui un enseignement moins théorique et plus général n'est pas indispensable. On ne voit pas pourquoi le provençal ou le breton ne contribuerait pas à l'éducation des jeunes gens d'aujourd'hui au même titre que l'enseignement du latin, voire même des langues vivantes, en certains cas. On sait parfaitement qu'un lycéen promu bachelier, s'il ne se destine pas à une carrière où la pratique de ces langues est nécessaire, se hâte d'oublier les éléments qu'on a pu lui inculquer de l'allemand, de l'anglais, de l'espagnol, de l'italien. D'ailleurs, l'expérience a démontré combien l'enseignement des langues vivantes tel qu'on le donne dans les lycées et collèges reste inférieur aux besoins des élèves pour qui l'exercice de ces langues sera une nécessité. On n'a jamais prétendu, en introduisant les langues vivantes dans les programmes scolaires, parvenir à former des élèves capables de soutenir sérieusement une conversation dans l'une ou l'autre de ces langues. En tout cas, il est fort rare qu'on y soit parvenu.

Si donc il ne s'agit que de développer chez l'élève le goût des connaissances générales, ne pense-t-on pas que l'enseignement des langues françaises y contribuerait au même degré ?

M. Emile Ripert, qui parle pour le provençal, invoque sa jeune expérience et dit fort justement :

« Quand j'avais l'honneur d'enseigner la rhétorique au lycée de Marseille, j'ai fait cette expérience de lire à mes élèves des pages de Mistral, de Roumanille et d'Aubanel... Ce n'étaient pour la plupart d'entre eux que des noms entendus çà et là, cés poètes si proches d'eux cependant. Si proches, je le vis tout de suite ; car sitôt envolés les premiers sourires inévitables devant la surprise d'entendre sur les lèvres de leur professeur, prononcée de façon littéraire, le langage qu'il n'avaient entendu que dans la bouche des charretiers ou des poissonnières, je lus dans leurs yeux l'intérêt le plus vif, et pris au charme de cette poésie, ils me demandaient ensuite ces lectures de provençal comme une véritable récompense...

» Ainsi j'ai pu me convaincre qu'on pourrait, sans trop de difficulté, introduire dans les lycées et collèges du Midi l'enseignement facultatif de la langue d'oc et, pour donner une sanction officielle à cet enseignement, il serait bien simple d'admettre la langue provençale comme langue d'option à l'examen du baccalauréat, de même qu'on y admet en Algérie la langue arabe. »

Cette expérience nous suffit. J'ai tenu à la rappeler, à titre d'indication. On développera ailleurs les nombreux arguments qu'on pourrait encore opposer à ceux à qui cette réforme si légère de notre enseignement officiel peut paraître encore inopportune. Ou plutôt c'est un soin qu'on laissera aux maîtres qui, comme M. Emile Ripert en Provence, peuvent invoquer une expérience à laquelle nous ne saurions prétendre ici.

APPENDICE A LA IIe PARTIE

LES COMITÉS RÉGIONAUX
DES ARTS APPLIQUÉS

*Texte du rapport présenté par l'auteur au Congrès de la
Fédération Régionaliste Française de Pentecôte 1917,
à Paris.*

LA commission préparatoire du Congrès de
la Fédération Régionaliste française m'avait
fait l'honneur de me déléguer à la direction des
Travaux de la Commission intellectuelle et artistique
du Congrès. L'occasion m'a semblé bonne d'attirer
l'attention des régionalistes sur l'œuvre et la mauvaise organisation des Comités régionaux des Arts
appliqués, récemment institués par le sous-secrétaire
d'Etat des Beaux-Arts et le Ministre de l'Instruction
publique pour renseigner le Comité Central technique

des Arts appliqués (¹) sur les vœux des régions, leurs désirs et leurs besoins, en ce qui concerne la rénovation des métiers d'art, l'état des industries artistiques, etc...

Par arrêtés des 20 avril, 30 mai, 6 septembre et 24 octobre 1916, le **sous-secrétaire d'État des Beaux-Arts et le Ministre de l'Instruction** publique instituaient près du sous-secrétariat un Comité Central technique des Arts appliqués composé de personnalités officielles, de fonctionnaires et de parlementaires désignés par le ministre.

Et voici comment le sous-secrétaire d'État des Beaux-Arts justifiait, lui-même, dans son rapport au ministre daté du 22 mars, cette création :

Notre pays doit être à même de reprendre rapidement dans les arts industriels une suprématie artistique et commerciale et des débouchés qui, depuis plusieurs années, se trouvaient en partie entravés par une concurrence germanique fortement organisée.

J'ai pensé, et vous estimerez sans doute comme moi,

(¹) Cf. 2ᵉ Partie. Chapitre III. Le présent rapport a paru dans la revue *Le Feu*, 1ᵉʳ juillet 1917.

Monsieur le Ministre, qu'il importait que nos plus modestes cours municipaux de dessin, comme nos écoles d'art les plus importantes, puissent s'organiser, dès maintenant, pour préparer non seulement des élèves se destinant à la carrière des Beaux-Arts, mais encore une génération d'artisans possédant des qualités de goût et de savoir professionnel nécessaires à la production future de notre art industriel.

Pour cette préparation, qui doit viser aussi bien les applications de l'art aux plus modestes branches de l'industrie que les manifestations les plus élevées de l'art pur, nos écoles, en plus des encouragements que leur apporte l'administration des Beaux-Arts et outre l'appui des municipalités, ont besoin du concours des industriels, des artistes, des artisans et des amateurs d'art.

Il résulte d'une double enquête à laquelle j'ai fait procéder l'an passé que, dans tous les centres où existent, où peuvent exister des industries d'art, cette manière de voir est partagée par l'administration préfectorale, les municipalités et les industriels.

Déjà, dans chacun de ces centres, des COMITÉS RÉGIONAUX D'ART APPLIQUÉ *sont à l'étude.*

Ces comités auront pour mission d'examiner les questions intéressant la préparation des ouvriers d'art ainsi que les améliorations qui doivent être apportées à l'enseignement dans les diverses écoles de leur région, tout en laissant l'initiative pédagogique aux directeurs de ces écoles et au personnel enseignant.

Ils soutiendront ces écoles dans leur marche, seconderont les professeurs dans leurs tentatives, encourageront les élèves et les apprentis dans leurs travaux ; enfin, renseigneront l'administration centrale sur la situation, les besoins et l'essor de l'art décoratif et industriel dans leur région.

Mais toutes les questions soulevées par ces comités ne pourront être tranchées que par l'administration centrale.

Il me paraît donc nécessaire d'instituer, près le sous-secrétariat d'État des Beaux-Arts, un COMITÉ CENTRAL TECHNIQUE *auquel seraient soumises les questions que ne pourrait résoudre l'administration.*

Enfin, par arrêtés ministériels des 10 août et 30 décembre 1916, les Comités régionaux des Arts appliqués étaient également institués.

Je ne veux pas discuter les bonnes intentions du gouvernement. Après avoir signalé que l'initiative de ce comité central technique avec ses corollaires régionaux revient à M. André Lebey, député, qui en avait émis l'idée dans une proposition de loi déposée le 17 février 1916, et dont le sous-secrétaire d'État des Beaux-Arts s'est manifestement inspiré, proposition de loi dont la Fédération Régionaliste Française et la Société pour la Défense et Illustration de l'Art Français s'étaient occupées dans le courant de l'année 1916 et qui avait motivé plusieurs échanges de vue entre elle et M. Lebey, proposition de loi indiquant d'excellentes intentions mais tout à fait contraire à notre doctrine quant au mode de réalisation proposée, — sans insister sur les vices fondamentaux de l'institution de ce Comité central technique des arts appliqués composé de hauts fonctionnaires arbitrairement désignés et de personnalités que rien, pour la plupart, ne désignait à cette fonction, je demande au Congrès de se prononcer sur l'organisation de ces comités régionaux des arts appliqués dont on semble attendre d'importantes rénovations et qui nous paraissent, à nous, d'ores et déjà condamnés dans leur forme et leur esprit.

Car ce qui est particulièrement intéressant à notre point de vue, ce qui motive aujourd'hui l'inscription de cette question à l'ordre du jour, c'est que le sous-secrétaire d'État des Beaux-Arts a pris, de son propre chef, l'initiative de créer la région artistique.

Les attributions — d'ailleurs toutes consultatives — des Comités régionaux des arts appliqués s'étendent, en effet, à des groupes de départements. Or nous estimons qu'il eut été possible de grouper ces départements en tenant compte des facteurs essentiels qui doivent déterminer la région. Le fonctionnaire chargé de ce travail ne s'en est aucunement soucié. Et c'est à nous qu'il appartient de réclamer du Ministre des Beaux-Arts une revision de la carte ainsi formée. Les sièges des comités formés sont à Amiens, Rouen, Versailles, Rennes, Nantes, Angers, Tours, Poitiers, Limoges, Bourges, Dijon, Nancy, Besançon, Lyon, Grenoble, Nîmes, Montpellier, Clermont-Ferrand, Toulouse et Bordeaux. Comme vous le voyez, le choix des centre est à peu près ce qu'il devait être. Mais quelques exemples montreront à quel point on a méconnu l'intérêt des régions intéressées.

Le comité de Rouen embrasse à la fois l'Eure, la Seine-Inférieure et le Calvados. Celui de Versailles, la Seine-et-Oise, le Loiret, l'Eure-et-Loir et la Seine-et-Marne ; admirez l'invraisemblable quadrilatère : Versailles, Chartres, Orléans, Melun !

Les comités de Rennes et de Nantes se partagent la Bretagne en dépit de toute notion ethnique ou historique, et empiètent sur la Normandie. C'est ainsi que l'Orne, la Manche et l'Ile-et-Vilaine relèvent de Rennes, tandis que le Calvados appartient à Rouen, et que Nantes étend son influence à la Loire-Inférieure, au Finistère, au Morbihan, — quant aux Côtes du-Nord, elles n'ont de délégué ni à Rennes, ni à Nantes.

Par contre, le Mans dépend d'Angers, — Blois relève de Tours, — Niort de Poitiers.

La Rochelle et Angoulême vont rejoindre Brive et Périgueux à Limoges, — tandis qu'Aubusson va retrouver Vierzon, Issoudun et Montluçon à Bourges.

Mais où croirez-vous que Nevers soit représenté ? — A Dijon, avec Mâcon, Chalon-sur-Saône et Auxerre !

Epinal et Lunéville vont à Nancy.

Le Jura, la Haute-Saône et Belfort se rejoignent à Besançon.

Mais à Lyon, nous retombons dans la folie ; nous y trouvons l'Ardèche, l'Ain, la Loire, la Savoie et la Haute-Savoie : Saint-Etienne et Annecy, Bourg-en-Bresse et Privas n'ont jamais été si rapprochées !

Il est vrai que Vienne, Valence et Gap se donnent à Grenoble le rendez-vous qui convient.

A Nice, nous trouvons les représentants de Toulon, de Draguignan et de Cannes. Ainsi Toulon va à Nice.

Et, naturellement, Arles, Avignon et Aix vont à Marseille.

Rodez et l'Aveyron vont à Nîmes. — Montpellier n'étend guère son influence qu'à l'Aude.

Clermont-Ferrand ne connaît que le Puy-de-Dôme, le Cantal et la Haute-Loire. — Mais l'Ariège, les Hautes-Pyrénées, le Gers, le Lot, le Tarn-et-Garonne se réunissent à Toulouse.

Bordeaux commande les Landes, le Lot-et-Garonne et les Basses-Pyrénées.

D'autre part :

— 1° On nous signale que dans l'une de ses premières réunions, le *Comité des arts appliqués* de Bourges,
sur l'initiative de notre ami le grand sculpteur berrichon Jean Baflier, a protesté contre le rattachement
de Nevers et du département de la Nièvre au Comité
régional de Dijon. Trop d'intérêts, trop d'affinités
ethniques et intellectuelles rattachent le Nivernais au
Berry pour qu'il soit permis de les séparer.

— 2° On lit dans le rapport présenté à la Société Ar-
chéologique du Finistère par M. Chaussepied, architecte
des Monuments Historiques à Quimper, et Vice-Pré-
sident du Comité des arts appliqués de Nantes, sur la
session normale des Comités Régionaux qui s'est tenue
à Paris, en avril 1917, des réflexions conformes à
l'esprit de notre rapport :

« Une autre question est venue se présenter : la
prédominance du Comité central technique sur les
Comités régionaux. Il est bien certain que Paris tient
toujours la tête de tout mouvement artistique ; mais
il ne s'ensuit pas que les Provinces qui possèdent aussi
des artistes et des savants se laissent complètement
absorber par la Capitale et ne marchent qu'avec le mot
d'ordre de Paris. *Nous réclamons notre indépendance
parce que nous mourons de cette centralisation ; nous
voulons faire du régionalisme*, c'est-à-dire conserver dans

nos arts comme dans nos industries françaises le style
régional qui les caractérise et les fera prospérer.
N'était-ce pas du reste la pensée du gouvernement
lorsqu'il instituait ces comités régionaux ? Nous devons
travailler ensemble, mais garder chacun nos spécia-
lités. Nous travaillerons à faire revivre nos vieux métiers provinciaux ; nous voulons, dans un nouvel effort,
leur redonner un nouvel éclat, de nouveaux débouchés ; le meilleur moyen n'est-il pas de travailler
ensemble, de s'entendre tout en gardant ses libertés ?

» L'école de Nancy, par exemple, qui a été une des
premières à entrer dans les voies nouvelles, qui a eu
et possède encore des maîtres décorateurs de premier
ordre, devrait-elle abdiquer, s'effacer devant Paris ?
Nous ne le pensons pas et notre sympathique collègue,
Victor Prouvé, nous a démontré que nous pensions
juste. Trouvons des hommes tels que lui dans nos
Provinces et nous saurons garder notre rang et notre
dignité. Le Président a clos la discussion par une
belle parole que nous nous plaisons à redire et qui
devra être notre Credo : « Il n'y a pas Paris, il n'y a
pas la Province, il y a la France ». C'est pour Elle
tout entière que nous devons nous dévouer. »

Il n'est pas nécessaire d'en dire plus long pour que
vous soyez fixé : au point de vue régionaliste, l'œuvre

du sous-secrétaire des Beaux-Arts est à refaire. Les régions artistiques qu'on nous propose ne sont pas viables. Le Congrès de la F. R. F. doit les condamner. Car il faut bien considérer que le ministre à qui revient l'initiative de ce projet a cru faire œuvre de décentralisation.

Il l'a fait en nommant lui-même les fonctionnaires et amateurs membres de ces Comités régionaux, sans leur donner aucun pouvoir ni leur accorder aucun crédit.

∾

Je ne puis proposer, au cours d'une séance de commission, d'émettre des vœux détaillés et motivés par lesquels le Congrès pourrait réclamer une réforme de la constitution et des attributions du Comité central ethnique et des comités régionaux des Arts appliqués.

Mais nous avons beaucoup mieux à proposer : j'ai parlé, au commencement de ce rapport, de la proposition de loi de M. André Lebey, — et de l'échange de vue auquel la F. R. F., d'accord avec la Société pour la Défense et Illustration de l'Art français, avait convié son auteur, au début de l'année 1916.

Nous avions alors décidé de présenter une contre-

proposition, conçue dans l'esprit de la F. R. F. et destinée à faire échec à la proposition de loi de M. Lebey,
lorsque celle-ci viendrait en discussion devant la
Chambre.

M. de l'Estourbeillon avait bien voulu se charger
de faire aboutir ce projet.

Entre temps, vous savez ce qui s'est passé, et comment l'intervention prématurée et imprévue du gouvernement a coupé court à ces projets.

Mais aujourd'hui que nous possédons quelques
éclaircissements sur les Comités régionaux et le Comité
central du sous-secrétaire d'État des Beaux-Arts, nos
réserves ne seraient pas justifiées. Les articles essentiels
de la proposition de loi du Marquis de l'Estourbeillon
montrent sur quelles bases nous proposons de voter la
réforme qui fait l'objet de ce rapport.

Il s'agit de créer des commissions régionales des arts
français. Ces commissions se réuniront dans vingt-cinq
villes de province désignées par la loi, — et qui sont,
à quelques exceptions près, celles où siègent déjà les
Comités régionaux des Arts appliqués. La loi ne prévoit de commission ni à Saint-Quentin, ni à Versailles, ni à Tours, ni à Marseille, ni à Nîmes. En revanche, elle en établit à Arles, à Bayonne, à Caen et à
Quimper.

L'intérêt de cette proposition de loi réside surtout en

ce fait qu'elle ne prétend pas délimiter les régions artistiques : « En ses premières réunions, chaque commission devra délimiter, d'accord avec les commissions voisines, la région à laquelle s'étendra son action ». C'est le principe de la régionalisation spontanée, que la proposition de loi respecte intégralement. Une commission arbitrale aura pour mission de résoudre les conflits possibles. L'archiviste départemental du siège de la commission sera chargé de la convoquer et en sera le secrétaire provisoire. Les archivistes départementaux, les directeurs des musées et écoles d'art, les présidents de sociétés locales archéologiques, historiques, artistiques et autres, les présidents des syndicats d'initiative, les représentants des industries d'art spéciales à chaque région, des conseils municipaux, etc., seront les premiers membres de chaque commission et nommeront leurs pairs. Les conseils généraux devront seconder l'œuvre de ces assemblées.

Parmi les attributions précisées par la proposition de loi, il en est une qui doit être mise en valeur : « Aucune décision concernant la construction des monuments destinés à un service public ne pourra être prise sans l'avis conforme de la commission ». — Enfin ! Nous aurons peut-être des monuments publics divers et qui ne seront pas uniformément laids.

De plus, chaque commission « sera consultée obliga-

toirement par la Direction de chaque École régionale
des Beaux-Arts pour l'élaboration du programme
de ladite école et sera représentée dans les jurys
d'examens ; elle s'appliquera dans toute la mesure de
ses moyens à encourager les cours professionnels et les
cours d'apprentissage des industries d'art : elle pourra
créer pour des artistes des bourses de séjour destinées
à leur permettre la mise en lumière des valeurs artistiques de la région. »

Voilà des innovations dignes d'être encouragées, des
innovations conformes à l'esprit de la plus pure tradition : « Quand l'art d'un pays s'affaiblit et vacille, disait Verhaeren, c'est dans ses origines qu'il se doit raf-
fermir ». Mistral n'a rien démontré de plus probant.
Certes, il est désastreux qu'un effort tel que celui qu'a
voulu tenter le sous-secrétaire d'État des Beaux-Arts
mérite d'être condamné avant même d'avoir été expé-
rimenté ; mais c'est le sort commun de la plupart des
lois et décrets promulgués depuis quarante ans, sous
un régime qui pourrait n'être pas plus mauvais qu'un
autre si l'on prenait l'habitude de respecter les compétences, d'assumer ses responsabilités et d'entreprendre

sérieusement l'œuvre de salut, l'œuvre de prospérité
nationale qui fortifiera le prestige de la France, sa richesse et son honneur (¹).

____

(¹) Le Congrès, après avoir entendu l'avis de sa commis--
sion artistique, après avoir entendu le rapport de M. Jean-
Desthieux sur l'organisation des Comités régionaux des Arts
appliqués, et après avoir pris connaissance de la proposition
de loi préparée par M. de l'Estourbeillon tendant à une
réorganisation complète de l'administration, de la protection
et de l'enseignement des Beaux-Arts sur une base régionaliste,
émet les vœux :
Que les arrêtés des 10 août et 30 décembre 1916, instituant
les Comités régionaux des Arts appliqués soient rapportés ;
Qu'ils soient remplacés d'urgence par la proposition de loi
déposée par M. de l'Estourbeillon, député, tendant à instituer vingt-cinq commissions régionales des Arts français, —
et que cette loi soit prochainement votée par les Chambres.
— La proposition de loi de M. de l'Estourbeillon, déposée
le 6 juillet 1917 sur le bureau de la Chambre, a été par la
suite renvoyée à la Commission de l'Enseignement et des
Beaux-Arts.

LA SOCIÉTÉ DES NATIONS

Le 18 juillet 1917, la Ligue de Représentation Professionnelle et d'Action Régionaliste envoyait à ses
adhérents la lettre que voici :

Monsieur,

Le Comité de la Ligue d'Action Régionaliste a pensé
qu'il était opportun d'étudier, dans leurs détails, les
idées nouvelles suscitées par la formation d'une « Société des Nations ».

Le mouvement d'opinion qui se dessine pour l'organisation d'une pareille Société procède, comme celui
en faveur de l'organisation régionale, de la grande loi
de concentration qui tend à régler les rapports économiques et sociaux des hommes. Il nous a donc paru

que la Ligue devait à ses principes de favoriser ces études.

En conséquence, nous vous serions infiniment obligés de vouloir bien assister à trois réunions consécutives privées qui se tiendront les *samedi 21, dimanche 22 et lundi 23 juillet 1917*, à 20 heures 15, à l'Ecole des Hautes Études Sociales, 16, rue de la Sorbonne.

Ces réunions ne sont pas destinées à des conférences, mais à permettre une libre discussion entre les assistants, après un bref exposé général.

Veuillez agréer, Monsieur, l'expression de nos sentiments les plus distingués.

Le Président :
JEAN HENNESSY,
Député.

PROGRAMME DES ÉTUDES

1ᵉʳ jour. — Conditions politiques de la Société des Nations :

2ᵉ jour. — Conditions économiques de la Société des Nations.

3ᵉ jour. — Conditions sociales de la Société des Nations.

∾

Ainsi le Régionalisme se trouvait amené à prendre ses positions au regard de la Société des Nations.

Il était bon de situer ce document à la fin de ces annales régionalistes, puisqu'il prétendait annoncer des temps nouveaux pour le Régionalisme. Je me suis interdit de prendre part aux discussions qu'a soulevées le problème. C'est pour la documentation précise de mon livre que j'ai cru devoir ajouter néanmoins cet appendice.

Avant que la Ligue d'Action régionaliste prît l'initiative qu'on vient de voir, en 1915, l'écrivain suisse que j'ai longuement cité déjà écrivait encore :

« Avant d'appliquer le régime fédératif aux États-Unis d'Europe sur la base du principe des nationalités, il paraît en effet indiqué d'appliquer ce même principe à l'intérieur de la France. En dépit de cent ans et plus de « France une et indivisible », il n'en reste pas moins que l'agglomération française est constituée par la réunion d'un certain nombre de sous-groupements qui ont fait leurs preuves de vitalité. De même que la Pologne, après cent cinquante ans de domination étrangère reste la Pologne, on peut dire que la Provence, la Gascogne, le Poitou, l'Anjou, la

Bretagne, la Normandie, l'Artois, la Picardie, la Champagne ont conservé jusqu'à ce jour leur entité ethnique et morale. On a eu beau effacer les frontières des anciennes provinces et tailler dans leurs dépouilles les départements actuels, ceux-ci ne sont toujours que de simples divisions administratives, sans racines dans le passé, sans légitimation géographique, ethnique ou historique. Le citoyen de la Drôme reste Dauphinois, tandis que son voisin de la Vaucluse reste Provençal. La frontière historique passe entre les deux départements ; il n'y a, par contre, pas de frontière de ce genre entre la Drôme et l'Isère (¹) ».

Il faudrait peut-être se garder de mettre la charrue devant les bœufs... Et à propos du Congrès qu'a présidé « avec une aimable autorité » M. Jean Hennessy, je ne puis oublier non plus le compte rendu qu'en fit M. Victor Cambon (²) :

« Ces jours derniers, dans un groupement qui s'efforce de fonder la *Société des Nations*, dénomination excellente parce qu'étant assez vague pour ne vouloir rien exprimer, elle ne soulève aucune opposition de principe, dans ce groupe, dis-je, on a agité une infinité de questions dont la solution, quelle qu'elle soit,

---

(¹) *Gazette de Lausanne*, 23 mars 1915.
(²) *Le Salon des Aveugles*, L'INTRANSIGEANT, 28 juillet 1917.

est tout à fait hors de la portée de ces délibérants : notamment celle du libre échange et de la protection.

» La plupart de nos économistes en Chambre ont décrété que le libre échange serait le système économique de demain. Libre échange entre qui ? Entre Alliés ? entre alliés et neutres ? entre tous les peuples de la terre ? Les interrogations étaient ainsi posées.

» Qu'on veuille bien tout d'abord me pardonner de ne professer aucun dogmatisme sur la liberté commerciale et les tarifs douaniers. Ce sont affaires d'espèces. J'ai seulement observé depuis longtemps que la protection surexcite l'activité chez les peuples laborieux comme les Américains, tandis qu'elle l'endort chez les paresseux comme nous en connaissons.

» Aussi j'admire avec passion les hommes qui trouvent au fond de leur écritoire et proclament sur l'estrade d'une salle de conférences la solution d'un tel problème. »

Traitant du même sujet, M. Charles-Brun a présenté de son côté des observations d'un autre ordre, mais qu'il est bon de noter (¹) :

« Avant de savoir quelle sera la nature du pacte qui unira les nations, il est utile de déterminer le sens exact de ce mot de « nation ». J'ai bien vu que, si quelques orateurs le confondaient avec celui d'État,

(¹) *Le Congrès de la Société des Nations*, LE JOURNAL DES NATIONS, 5 août 1917.

d'autres, et des meilleurs, avaient la perception nette
d'une distinction essentielle. Dans le projet de « charte
mondiale » élaboré par M. Paul Otlet, je lis « états »,
« peuples », « nationalités » : et le tout n'est pas mis
au hasard. Le dirai-je cependant? C'est le point capi-
tal, à nos yeux : Si l'on s'en tient à unir des États
entre eux, le problème est simplifié : mais la solution
est absurde. Va-t-on, par exemple, admettre l'entité
État Autriche-Hongrie? Nul n'y songe. On reconnaîtra
donc les nationalités polonaise, tchèque, yougo-slave,
ailleurs irlandaise, et cela ne souffre, en somme, que
d'acceptables difficultés. Mais poussons plus loin. Quel
embarras, quand nous serons en face de la Macédoine !
(Je ne parle que de l'Europe et laisse de côté les em-
pires coloniaux.) Et, par ailleurs, où nous arrêterons-
nous ? Je connais d'excellents Catalans qui soutiennent
que la langue, l'histoire, la tradition, les intérêts,
constituent une « nation catalane ». On n'a pas oublié
les démêlés des Wallons et des Flamands de Belgique.
Notez encore que, pour compliquer les choses, certains
groupes ethniques et historiques (c'est le cas, justement, des Catalans) sont coupés en deux par des frontières d'États. Leur permettra-t-on de s'agréger par
de là ces frontières ? »

Et le droit de sécession ?...

Décidément, la question est délicate.

BIBLIOGRAPHIE

—

Proudhon. — *Le Principe fédératif.* 1860.

L. Xavier de Ricard. — *Le Fédéralisme,* Paris, Fischbacher 1877.

Paul Deschanel. — *La Décentralisation.* 1895, Berger-Levrault.

E. Leverdays. — *La Centralisation,* Paris, G. Carré, 1873.

Charles-Brun. — *L'Évolution félibréenne.* Lyon, 1896.

Ch. Maurras. — *L'Idée de décentralisation,* Paris, à la *Revue Encyclopédique.*

P. Foncin. — *Les pays de France,* 1898.

Paul-Boncour. — *Le Fédéralisme Économique.* 1900.

Ch. Beauquier. — *Proposition de loi tendant à la division de la France en 25 Régions.* 1902.

Paul-Boncour et Charles Maurras. — *La République et la Décentralisation.*

Armand Praviel. — *L'Empire du Soleil.* Toulouse, 1909.

Charles-Brun. — *Le Régionalisme,* Bloud, Paris, 1910.

Ch. Berlet. — *Les Provinces au XVIII⁰ Siècle*. Bloud, 1913.

De Beaurepaire-Froment. — *Pour le Régionalisme*. Éd. de la *Revue Traditionnaliste*, Paris 1913.

Charles Maurras. — *L'Étang de Berre*. Champion, Paris, 1915.

Jean Hennessy. — *Proposition de loi nº 847, tendant à la décentralisation administrative*. 29 avril 1915.

Victor Cambon. — *Notre Avenir*, Payot, 1916.

Marc Guy. — *La Décentralisation administrative*. Driay-Cachin, Paris, 1916.

MM. Étienne Rognon, etc. — *Proposition de loi nº 2620, ayant pour objet la réorganisation administrative*, 240 et 1916.

Henri Cellerier. — *La Politique Fédéraliste*. Nouvelle Librairie Nationale. Paris, 1917.

Jean Buffet. — *Du Régionalisme au Nationalisme financier*. 1917.

Marquis de l'Estourbeillon. — *Proposition de loi nº 3517, tendant à l'institution des Commissions régionales des Arts français* (6 juillet 1917).

H.-L. Motti et E.-A. Fourmond. — *Un autre Esprit*. 1917.

Charles de Saint-Cyr. — *Ce qu'il faudra que soit la France de Demain*. La Renaissance du Livre, 1917.

Henri Brenier. — *Une Solution Productionniste*. — Marseille, 1917.

Henri Mazel. — *La Nouvelle Cité de France*. Alcan, 1918.

Charles-Brun, Jean Hennessy. — *Le Drapeau Bleu*, à L'Œuvre, Paris. 1918.

CHARLES-BRUN. — *Mistral, poète social* (à paraître).

Consulter aussi les revues :

L'Action Régionaliste, publiée à Paris, sous la direction de M. Charles-Brun, organe de la Fédération Régionaliste Française.

Le Feu, publiée à Aix en Provence, sous la direction de M. Emile Sicard, organe du Régionalisme Méditerranéen.

Les Marches de l'Est, *L'Économiste du littoral*, *La Renaissance*, *La Race*, etc., etc...

C

Charency (comte de), 197.
Chassaing, 42.
Chaussepied, 212.
Clemenceau (Georges), 27.
Clémentel (Etienne), 29, 50, 121, 122, 123, 126, 129, 132, 133.
Comte (Auguste), 37.
Cordier-Joly, 38.
Cornudet, 42.
Croiset (Alfred), 190.

D

E

F

Hovelacque, 42.

I

Imbart de la Tour, 46.

J

Jaurès (Jean), 29.
Jovelet, 177, 179, 180.

L

Lafortune (R.), 183.
Lapaire (Hugues), 19.
La Rochefoucauld (A. de), 31.
La Tour du Pin Chambly, 39.
Lebesgue (Philéas), 19.
Lebey, 25, 49, 97, 208, 209, 214, 215.
Leblond (Marius), 156, 157, 196.
Le Braz (Anatole), 18, 193.
Lecarpentier, 107.
Leclerc, 190.
Le Goffic (Charles), 18.
Lemire (abbé), 31.
Lepelletier (F.), 38.
Le Play (F.), 37.
Lerroux (député catalan), 155.
L'Estourbeillon (marquis de), 19, 31, 182, 215, 218.
Lhuillier, 39.
Lizop (R.), 162, 163.
Lockroy, 42.
Lysis, 29, 68.

M

N

TABLE DES MATIÈRES

QUATRIÈME PARTIE

L'IDÉE FÉDÉRALISTE

AUTRES PROBLÈMES

LE RÉGIONALISME APPLIQUÉ A L'ENSEIGNEMENT

APPENDICE DE LA IIᵉ PARTIE

APPENDICE DE LA IVᵉ PARTIE

TABLE DES CARTES GÉOGRAPHIQUES

SAINT-AMAND (CHER). — IMPRIMERIE BUSSIÈRE.

9 782019 921422